アカデミック・ライティングの基礎
――資料を活用して論理的な文章を書く――

西川 真理子
橋本 信子
山下　 香
石黒　 太
藤田 里実

晃 洋 書 房

このテキストの目標
——資料を活用して論理的な文章が書けるように——

　大学生、社会人には、論理的な文章を書くこと（＝アカデミック・ライティング）が求められます。「論理的な文章」とは「読み手を説得できる文章」であり、そのためには、書き手が伝えたいこと（「主張」）をしっかりと持ち、それを論証しながら読み手が納得するように伝えることが必要です。その説得の「根拠」として「資料」が大事な役目を果たします。

　このテキストは、資料をうまく活用しながら、その中で自分の興味を発見し、「問い」を立て、自分の「主張」を読み手にきちんと伝える論理的な文章が書けるようになることを目標とする、アカデミック・ライティングの基礎づくりのテキストです。

　Part I は、論理的な文章を書く上で基本となる「表現上のルール」がまとめてあるパートです。

　Part II は、論理的文章を書く上で活用する「資料」になじんでもらうためのパートです。大学で書くレポートや社会人になって書く企画書や報告書の「根拠」として活用できるような、信頼できる「資料」を探索し、人に紹介する演習を用意しています。楽しみながら取り組んでいただけるものになっています。

　Part III は、論理的文章の基礎となる「レポート」が書けるようになるためのパートです。このテキストで扱う「レポート」は、資料を根拠として自分の主張を立証する「論証型レポート」です。大学でのレポートには、実験や調査を根拠として検証する「実験・調査レポート」もありますが、ここでは、学部や学問分野に関わらず書くことになる「論証型レポート」を、どんなテーマが与えられてもきちんと書けるようになる、ということを目標としています。このテキストにしたがって自分で実際に書いていくことによって、レポート執筆に必要なさまざまな知識を一つひとつ着実に自分のものにしていってほしいと思います。

　学生の皆さんがこのテキストで学ぶことで、資料を上手に活用しながら論理的文章を書くことがよりスムーズにできるようになることを願っています。

執筆者一同

このテキストを授業で使われる先生方へ

Part II の目的と特徴について

Part II では、大学でレポートを作成するときに使う資料を用いて、比較的短い文章で自分の意見や考えを表現する力を養います。さらには、それを口頭で発表したり、POPなど視覚に訴える作品にしたりすることで、人に伝わるプレゼンテーションのコツを学ぶことができます。

さまざまな資料に親しみながら活用の仕方を学ぶ演習主体のパートで、演習がグループワークで受講生どうしの対話をうながすものになっているところが特徴です。

大学の授業15回分を想定していますが、すべてを授業内に実施すると時間が足りなくなると思います。授業では、資料探索の説明やプレゼンテーション、ディスカッションの時間を多くとり、文章作成は宿題に回すことをおすすめします。なお、本書の記載どおりに進めることが望ましいですが、必ずしもこのとおりである必要はありません。

(橋本 信子)

Part III の目的と特徴について

Part III では、資料を活用して、実際に自分でレポートを作成することを最終目標としています。テキストでは、「人口減少社会」のテーマでレポートの作成過程の見本を示しています。第5回で、先生がテーマ（課題）とテーマの概要を示してください。テーマは現代の社会問題を取り上げるのもいいかと思います。テーマに関する資料（参考文献）は、先生が準備しても、学生に収集させてもどちらでもかまいませんが、第9回には資料がそろっていることが必要となります。

このテキストの特徴は、大きく2つあります。一つは、レポートを書くのに必要な知識を一つひとつ学びながら、学生自身も段階を追って実際にレポートを書き上げるところです。レポートを仕上げることでレポートを書くことに対して抵抗感をなくし、自信を持たせることを期待しています。もう一つの特徴は、資料から情報を読み取る力（読解力・要約力）を重視し、読解力・要約力がつく回を3回（第7, 8, 9回）も設けているところです。

(西川 真理子)

Webサイトのご利用について (→URL:http://www.koyoshobo.co.jp/dl_booklist12227/)

Webサイトには、次のものがアップロードされていますので、随時ダウンロードしてご利用ください。

・Part I, II, III のなかにある問題の模範解答・Part II の作品例

・Part II, III のなかの **WS** のマークが付いているワークシート

目　次

PartⅠ　表現に慣れる

PartⅡ　資料になじむ

第 1 回　資料の種類を知ろう ・・・・・・・・・・・・・・・・・・・・14

第 2 回　図書館を利用しよう ・・・・・・・・・・・・・・・・・・・・16

第 3 回　参考図書を活用しよう ・・・・・・・・・・・・・・・22

第 4 回　プレゼンテーションしよう ・・・・・・・・・・・・・25

第 5 回　新聞に親しもう・・・・・・・・・・・・・・・・・・・・・・27

第 6 回　「問い」を立てよう ・・・・・・・・・・・・・・・・・30

第 7 回　データベースを活用しよう ・・・・・・・・・・・・・・35

第 8 回　おすすめの新聞記事を紹介しよう ・・・・・・・・・・・・37

第 9 回　意見文を書こう・・・・・・・・・・・・・・・・・・・・・39

第 10回　雑誌に親しもう・・・・・・・・・・・・・・・・・・・・・40

第 11回　「おすすめの一冊」を紹介しよう ・・・・・・・・・・・・42

第 12回　書評を読んでみよう ・・・・・・・・・・・・・・・・・44

第 13回　書評を書こう・・・・・・・・・・・・・・・・・・・・・・48

第 14回　「おすすめの一冊」をPOPで紹介しよう ・・・・・・・・・・50

コラム　著作権に配慮したレポート・作品を作ろう　（52）

PartⅢ　レポートを体験する

第 1 回　レポートを書く目的と効果を理解しよう・・・・・・・・・・・・ 54

第 2 回　レポートの特徴をつかもう・・・・・・・・・・・・・・・・・ 58

第 3 回　レポートを書いてみよう①・・・・・・・・・・・・・・・・・ 68

第 4 回　レポートをチェックし合おう―ピア・レスポンス―　・・・・・ 72

第 5 回　レポートを書いてみよう②・・・・・・・・・・・・・・・・・ 76

第 6 回　資料を読む必要性について考えよう　・・・・・・・・・・・・ 80

第 7 回　資料を読む力（読解力）をつけよう・・・・・・・・・・・・・ 84

　　　　　　①キーワードを見つける

　　　　　　②論理関係をつかむ

第 8 回　資料を読む力（読解力）をつけよう・・・・・・・・・・・・・ 90

　　　　　　③論理関係を構造化する

第 9 回　資料をまとめる力（要約力）をつけよう　・・・・・・・・・・ 96

第10回　資料からテーマに関する情報を得よう・・・・・・・・・・・ 104

第11回　問いを立て主張を決めよう・・・・・・・・・・・・・・・・ 114

第12回　アウトラインを決め根拠をそろえよう・・・・・・・・・・・ 116

第13回　資料を引用しよう（根拠を示そう）・・・・・・・・・・・・ 120

第14回　レポートを書いて推敲しよう　・・・・・・・・・・・・・・ 126

第15回　清書して提出しよう　・・・・・・・・・・・・・・・・・・ 138

コラム　原稿用紙の使いかた　（139）

参考文献　・・・・・・・・・・・・・・・・・・・・・・・・・・・ 140

教授資料について

　本書を授業でお使いいただくときの参考資料として、別途、教授資料をご用意しております。教授資料では、本書のPartⅡ／Ⅲごとに、全15回でどのように授業をすすめていけば良いのか、そのねらいやポイントなどをまとめています。

　教授資料はPDF形式の電子ファイルで配布させていただきます。ご希望の先生は、お手数ですが、下記窓口までご連絡ください。

　問い合わせ先：
　　株式会社　晃洋書房　編集部宛
　　メールアドレス：edit@koyoshobo.co.jp
　　電話：075-312-0790

Part I
表現に慣れる

Part I 表現に慣れる

- ● 一人称は、「　　　　」にしましょう

  × 僕（俺）　　× 自分

  （論文の場合は、　　　　　　を使います）

- ● 文末の文体は統一しましょう

  　　　　体　〜です、〜ます

  　　　　体　〜である・〜だ　⇦　レポートの文体

  × それほど高い得点ではないが、私には上出来です。

  ○ それほど高い得点ではないが、私には上出来である（上出来だ）。

  ○ それほど高い得点ではありませんが、私には上出来です。

- ● 文章は基本形で書きましょう

  ・途中で終わったり、体言（名詞）で終わったりしない

  　× 筆者は暴力は絶対反対と言うが…。

  　○ 筆者は暴力は絶対反対と言う。

  　× 筆者は「暴力はどんな場合もよくない」と主張。

  　○ 筆者は「暴力はどんな場合もよくない」と主張する。

  ・倒置法は用いない

  　× 私は強調したい、コミュニケーションの大切さを。

  　○ 私はコミュニケーションの大切さを強調したい。

- ● **接続語、形式名詞、補助動詞など**（単独では実質的な意味を持つことができなくて、文法的な機能を果たす語）**はひらがなで書きましょう**

  × 従って　× 又は　× 但し　× 故に　× 即ち　× 〜迄　× 〜等

  × 〜する事　　× 〜の様に　（形式名詞）

  × 〜と言う＋名詞　　　　× 〜（すること）が出来る（可能）

  × 〜て行く・〜て来る・〜て見る（補助動詞）　など

  ※「いる・ある・ない」もひらがなで書きます

● 話しことばは用いず、書きことばで書きましょう

× 話しことば	○ 書きことば	× 話しことば	○ 書きことば
すごく・とても		…くらい	
いろんな		…みたい	
やっぱり		…けど	
ちゃんと		…から (理由)	
ちょっと		…したら	
だいたい		…して	
もっと		…しないで	
たぶん		…していて	
一番		なんで・どうして	
いっぱい・たくさん		どんな／こんな	
だいぶん		どっち／こっち	
でも・けれど・けど		…じゃない	
だって		…ってゆう	
だから・なので		…ないといけない …なくてはいけない	
それから		…てる	

Part I　表現に慣れる

● 文中の呼応・対応関係に注意しましょう

・副詞と文末の呼応

きっと	→	〜にちがいない
おそらく	→	〜だろう・〜かもしれない
全然／必ずしも	→	〜ない
なぜなら	→	〜からだ

・主述の対応

× 私が好きなのは、本を読むことが好きだ。
○ 私が好きなのは、本を読むことだ。
○ 私は、本を読むことが好きだ。

× 若者の能力を活かす社会<u>が</u>作らなければならない。
○ 若者の能力を活かす社会<u>を</u>作らなければならない。
○ 若者の能力を活かす社会<u>が</u>作ら<u>れ</u>なければならない。

・主語の統一

× 私はまじめにやっていたが、先生<u>が</u>怒った。
○ 私はまじめにやっていたが、先生<u>に</u>怒<u>られ</u>た。

・助詞

× そのシリーズは発売日に本屋<u>で</u>買いに行くほど好きだった。
○ そのシリーズは発売日に本屋<u>に</u>買いに行くほど好きだった。

・〜たり、〜たり

× 大学生のうちに様々なことに挑戦し<u>たり</u>、失敗したほうがいい。
○ 大学生のうちに様々なことに挑戦し<u>たり</u>、失敗し<u>たり</u>したほうがいい。

● 略語、略字は使わないようにしましょう

× バイト（アルバイト）　× 小5（小学校5年）　× 学祭（学園祭・大学祭）
× 部活（部活動）　　　× 門がまえの略字（閔、向）

10

- 「 」『 』の使い分け

「 」	
『 』	

- ！、？は使わないようにしましょう

　　× なぜいじめはなくならないだろうか？
　　○ なぜいじめはなくならないのだろうか。

- 横書きの場合、算用数字（1，2，3，…）を使いましょう
（例外）漢数字を用いる場合

・固有名詞・慣用的な表現
　　三宮　九州　四捨五入　一方
・概数
　　五、六人　数百人　十数人

- 一文が長すぎないようにしましょう
　　→（読みやすくなるよう）分けて書きましょう

　　× 雨が降ったため、予定されていたイベント中止になったので、友だ
　　　 ちと買い物に行こうと思ったが、友だちの予定が合わなくて、行け
　　　 なくて、残念な一日だった。
　　○ 雨が降ったため、イベントが中止になった。そこで、友だちと買い
　　　 物に行こうと思った。だが、友だちの予定が合わず、行けなかった。
　　　 残念な一日だった。

- 遠まわしな表現・あいまいな表現は使わないようにしましょう

　　× はっきりとは覚えていないが、…
　　× …ような気がする。

Part I　表現に慣れる

● 同じ言葉や表現を繰り返さないようにしましょう

　　　× だが、……。だが、……。
　　　× ……なのだ。……なのだ。
　　　× ……と思う。……と思う。

● 読点（、）を打つ位置

　☆ [　　　　] と [　　　　] の切れ目

　　雨が降ってきたので、イベントは中止になった。
　　海に行き、一日中泳いだ。
　　会議を休む場合、会議欠席届をきちんと提出してください。

　・文頭の [　　　　] 語のあと

　　雨が降ってきた。そのため、イベントは中止になった。

　・長い [　　　　]（は）のあと

　　作品が落選した太郎は、その雑誌に二度と投稿しなかった。

　・[　　　　] 語（対等に並ぶ語）の間

　　鍋料理の材料として鶏肉、白菜、ネギ、人参、しらたき、ちくわ、豆
　　腐などを買った。

● 修飾語は修飾する言葉の近くに置きましょう

　　　× その星には、青い人間とは違う生物がいた。
　　　○ その星には、人間とは違う青い生物がいた。

　　　× 非常に被害が大きかったため、避難所で生活することになった。
　　　○ 被害が非常に大きかったため、避難所で生活することになった。

Part II
資料になじむ

第1回

資料の種類を知ろう

● **資料の種類**

　大学でレポートを書いたり、発表をしたりするときには、信頼できる資料を用いることが大切です。右の表に、レポートに使う資料の種類を整理しました。このあとの回では、これらの資料を活用した演習を用意しています。

資料の特徴

　それぞれの資料の特徴や、長所短所、どんなものがあるかを書きあげましょう。まずは隣の人と、または小グループで取り組んで、そのあとクラスで共有してみましょう。

＊PartⅡ第2，3，5，7，10回を学習する際に、それぞれ該当する欄を書き込んでもよいでしょう。

第1回　資料の種類を知ろう

資料の種類		発行（更新）の頻度	特徴、長所短所、種類
書籍	一般図書 （PartⅡ第2回）	一度限り ただし、数巻にまたがるもの、改訂版が出るものもある	
	参考図書 （PartⅡ第3回）		
逐次刊行物	新聞 （PartⅡ第5回）	毎日（日刊紙）、週に一度（週刊紙）など	
	雑誌 （PartⅡ第10回）	週、月、隔月、季刊、年刊　などさまざま	
電子化された情報	オンラインデータベース （PartⅡ第7回）、インターネット上の情報など	発信元によって、さまざま	

15

第2回

図書館を利用しよう

● 図書館の利点

　学校・大学の図書館や公立・民間の図書館を活用しましょう。15ページに挙げたような多様で大量の資料を、無料または安価に利用することができます。また資料探索のプロである図書館スタッフ（司書や職員）に、資料の探し方を教えてもらうことができます。

　PartⅡの演習は、図書館の所蔵資料でできるものばかりです。まずは一番近くて使いやすい図書館をあなたの書斎代わりに利用しつくしましょう。資料が足りない、探せないと感じたら、図書館のスタッフに聞いてみましょう。調査の手助けをしてもらえます。

● 図書館の配架の特徴

　多くの図書館の資料は、書籍、新聞、雑誌、CDやDVDというように種類別に並べられています。そのうち書籍は、ほとんどの図書館で、次の表のような**分類**に基づいて並んでいます。なお、本を棚に並べることを「**配架**」と言います。

　雑誌や新聞の並べ方は図書館によって、さまざまです。その図書館の方針に基づいて、利用者の使い勝手が良いように決めています。複数の図書館に行って、そのような違いを見比べるのも面白いですよ。

NDC（日本十進分類法）

全国の図書館でほぼ共通の分類方法をとっています

本の内容に合わせて、0〜9のジャンルに分けてあります

0＝総記	4＝自然科学	8＝言語
1＝哲学	5＝技術	9＝文学
2＝歴史（地理を含む）	6＝産業	
3＝社会科学	7＝芸術	

第2回　図書館を利用しよう

● 図書館を探索する

　図書館を使いこなすには、実際に行ってみることが一番です。次の演習は探検気分で取り組むことができます。先生や司書さんに問題を出してもらってもいいですし、クラスメイトとお互いに問題を出し合うのも楽しいかもしれませんね。18ページの演習問題はいずれも **WS** Ⅱ-1 に書き込みます。必要な枚数をWebサイトからダウンロードして使ってください。

WS Ⅱ-1

記入例）

	所在	請求記号 （背ラベル）	書誌情報 著者　書名　出版社　出版年
①	1階新書コーナー	015.2 Ta	著者　高田　高史 書名　『　図書館で調べる　　　　　』 出版社（発行所）　筑摩書房 出版年：　2011　年

面白いと思った部分を書きましょう（1文、2文程度の抜き書き、またはメモ書きでかまいません）

ページ数を忘れずに！！

・　p.106-108
　「他の本を見たら何か見つからないかな」と考えて、もうひとねばりする
　　例）語呂合わせの仕方が載っている本、旅行ガイドブックの活用　など
　　なるほど！

・　p.108-110
　観点を追加する
　　例）宇宙飛行士（A）の訓練法（B）について知りたい
　　　→　Aについての本、Bについての本をそれぞれ調べる
　　　→　いいのがなければ、観点を追加する
　　　　Ex.）「どんな訓練法？」と自問自答
　　　→　「無重力空間での生活についてはどうかな……

17

Part II 資料になじむ

図書館で探してみましょう

WS II-1

① 図書館内には、色々なコーナー（＝<u>所在</u>）があります。図書館のフロアガイド（地図）を見ながら、所在が「　　　　　　　　　　　」のところから、図書を一冊選んで、表に記入しましょう

② 図書は、**請求記号（分類番号、図書（著者）記号、巻号記号）**の３つの組み合わせ）の順番で書架（＝本棚）に置かれています。図書館の書架から、**分類番号**が「　　　　　　　」の本（図書（著者）記号以下は何でもかまいません）を一冊選んで表に記入しましょう。

③ 図書館には、どんな図書が、どこに何冊あり、貸出中かどうかを調べるシステム『<u>OPAC（蔵書検索システム）</u>』があります。その使い方を練習します。

　１．OPACで、キーワードに「　　　　　　　」を含む図書を検索してください。

　２．検索結果一覧画面の中から、**「貸出中」になっていない**図書（どれでも好きなものでかまいません）の所在・請求記号・タイトル・出版年などを該当する欄に記入してください。

④ あなたが今後、調査研究につなげてみたい分野の本を見つけてみましょう

第2回　図書館を利用しよう

○ 書籍の部位を知ろう

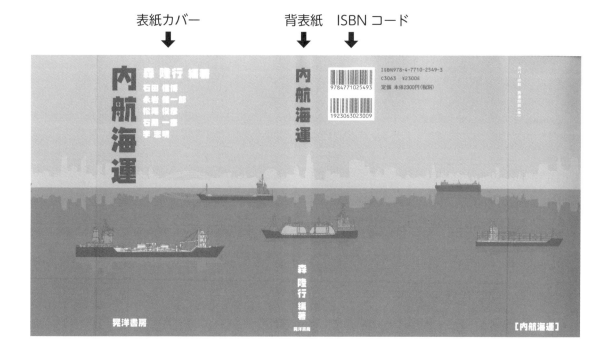

↑表紙カバー　↑背表紙　↑ISBNコード

← 書籍の後ろのほうにある、この部分をチェックしましょう。

この部分を①＿＿＿＿＿といいます

①を見て、**書誌情報**を実際に書いてみましょう。書誌情報とは、次の4点です。

②著者・編者…＿＿＿＿＿＿

③書名…＿＿＿＿＿＿

④出版者（社）…＿＿＿＿＿＿
　（※発行所を書きます）

⑤出版年…＿＿＿＿＿＿

18ページの演習 WS Ⅱ-1 にも書誌情報を書く欄があります。確認しましょう。

○ 読み始める前に

本文を読み始める前に、⑥から⑧をざっとチェックしてみましょう。その本の全体像がわかりますよ。

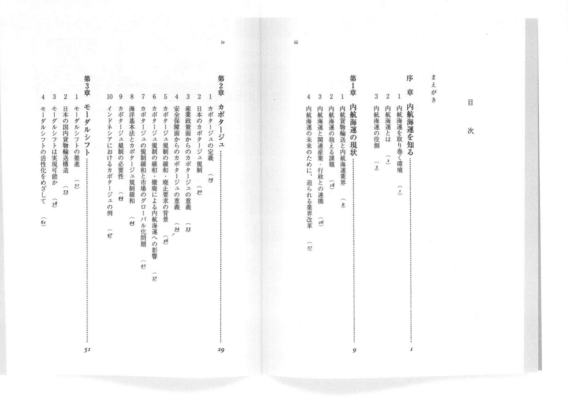

⑥_____は、そのテキストのおおまかな内容と順序を示しています。「あらすじ」のような部分です。

⑦_____には、執筆の意義、目的、どういった内容か、どのような立場から書かれたかなどが記されていることが多いです。本全体の見取り図的な部分です。

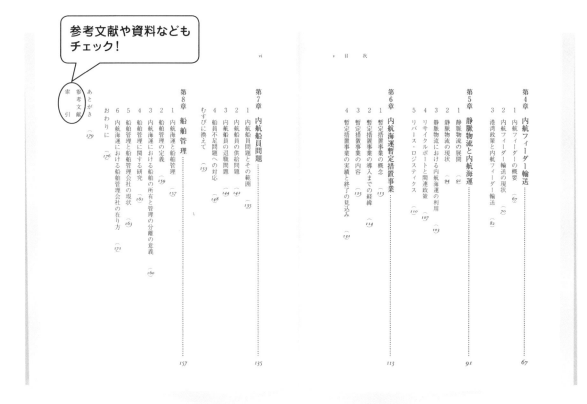

⑧ _____…結論や著者が最終的に言いたかったこと、今後の展望などが書かれています。

本を読むときには

それでは、本文を見ていきましょう。

1) まず、ざっと全体を見通します（下読み）。
2) 次に、重要と思われる点をチェックしながら読みましょう。このとき、下線を引いたり、メモを書き込んだり、ノートをとるようにすると、理解を深め、次に読み返すときの効率性を高めます。借りた本は重要な箇所にふせんを貼ったり、ノートに要点をまとめたりしましょう。
3) 文章を読むときには、⑨_____、⑩_____ごとにトピックが変わることに注目しましょう。また、⑪_____に注目しましょう。文の関係性、つながりがわかりますよ。⑪に関しては、PartⅢの第7回でじっくり学んでください。
4) わからない語句や事項は辞書などで確認する習慣をつけましょう。
5) 疑問や好奇心、自分の考えを持ちながら読むようにしましょう。

第3回

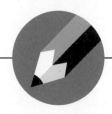

参考図書を活用しよう

● 参考図書とは

　ある事柄を調べるのに必要な情報や手掛かりについて、ジャンルや項目ごとに並べ、見つけやすいようにまとめてある資料です。はじめから最後まで通読することを想定していないことが多い書籍です。

　参考図書には、さまざまなジャンルのものがあります。図書館に行って参考図書の棚を見てみましょう。驚くほど専門的であったり、思いがけないジャンルのものがあったりします。なお、参考図書は、いつでも閲覧できるよう、持ち出しを禁止している図書館が多いです。

● 参考図書の種類

　① 言葉の意味そのものや、ある事柄について調べる辞典・事典、用語集、② 一年間に起こった出来事がまとめてある年鑑や年報類、③ あるテーマに関するデータをまとめた統計資料、④ 政治や社会の状況をまとめた報告書である白書などがあります。

参考図書の一例

第3回　参考図書を活用しよう

✎ 参考図書を手に取ってみる

　図書館で参考図書を手に取って、書誌情報（19ページ）を［　　　　］冊ずつ書いてみましょう。図書館の分類記号（請求記号）も書いておくとよいですよ。

① **辞書、事典、用語集**：ことばや事柄の意味を調べるためのもの

② **年鑑・年報**：1年間に起こった出来事をまとめたもの

③ **統計資料**：あるテーマに関するデータをまとめたもの

④ **白書**：国内の状況やデータの報告書

23

Part II 資料になじむ

✎ おすすめの参考図書を紹介する

　あなたが興味を惹かれた参考図書をめくって、特徴をまとめてみましょう。あなた自身の興味関心を自覚し、それに合った資料をみつけ、その資料から、特に気になる箇所を見つける練習です。一冊丸ごと読む必要はありません。ワークシートが書けたら、あなたのおすすめの参考図書をクラスメイトに紹介しましょう。

WS II-2

記入例)

著者（編者）：　　　　生活情報センター編集部
書名：　　　『　住まいと暮らしのデータブック　2006　』
出版社（「発行所」）：　文栄社　　　　　出版年：　2006
分類（請求記号）：　365.3　Se

それはどのような資料ですか
　住まいと暮らしに関するいろいろな項目について、性別、年齢別、地域
　別など様々な視点からデータを取っている資料

なぜそれを選んだのですか　どういう点でおすすめですか
　・たくさんの項目が網羅されていて、自分の考えとデータを見比べるこ
　　とができる
　・グラフが多用されていて、ぱっと見ただけでデータが分かるところ
　　や、知りたい項目がピンポイントで見ることができる点がおすすめ
　・家という身近なことがらに関するデータが中心なので、調べるだけで
　　楽しい

特に紹介したいところ、興味をもったことがらなどを書きましょう
※ページも控えること！　コピーをとっておくとなおよいです

　一人暮らしの学生調査

p.147　マンション　33.5%
　　　　アパート　　66.5%

男：マンション27.0%　アパート73.0%
女：マンション　42.4%　アパート　57.6%
女子の方がマンション住まいの割合が高い

24

第4回

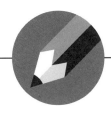

プレゼンテーションしよう

● 発表原稿の作り方のコツ

　口頭発表は、1分間に300字程度が適当であると言われています。3分なら900字程度、5分ならば1500字程度となります。発表に慣れていない人の場合は、それよりも少なめにして、落ち着いて話すよう心がけるとよいでしょう。もちろん、発表する前には練習することが大前提です。

　まずは、3分から5分くらいの発表に挑戦しましょう。これくらいの長さだと話す方も聞く方も集中が続きます。発表に慣れている人でも十分な情報を盛り込める長さです。

説明名人

⓪ まずは名乗りましょう
　　「〇〇〇〇です」
① はじめる言葉
　　「〜〜について話します、説明します、紹介します」
② 順番の言葉
　　「まず、はじめに、次に、最後に」
③ つなぎ言葉
　　「そして、それから」
④ まとめる言葉
　　「このように、よって」

 「説明名人」を参考に、発表原稿を作ろう

Part II　資料になじむ

✎ 発表のコツ

　発表は、発表する人と聴く人がつくるものだと思いましょう。発表者、聴く側がそれぞれ、どのような態度やふるまいをすれば、よい発表になるでしょうか。次の箱の「あ、い、う、え、お」に続く姿勢やふるまいを書いてみましょう。

発表のコツ

話し方名人　　　　　　　　　　聞き方名人

あ _____　　　　あ _____

い _____　　　　い _____

う _____　　　　う _____

え _____　　　　え _____

お _____　　　　お _____

● 授業での発表の形式について

　クラス全体の前で一人ずつ発表すると、受講生も教員もクラス全員の発表を聞けるメリットがありますが、時間がかかります。また、緊張する人にとってはクラス全体の前で発表するのは、ハードルが高いかもしれません。

　4～5人のグループ内で一人ずつ発表し、そのうちの一人が代表でクラス全体に発表する方法もあります。この場合、クラス全員の発表を聞くことはできませんが、発表に不慣れな人も比較的緊張せずにすみます。また、代表の人はクラス全体に発表するとき、よりこなれた発表ができます。クラス人数や所要時間などに応じて発表時間や形式を変えるとよいでしょう。

● 発表に続いて

　発表のあとは、1～2分でもよいので**質疑応答**や**ディスカッション**の時間をとりたいものです。それによって発表者も聴いている人も理解が深まるからです。あらかじめ質問する人を決めておくという方法もあります。

第5回

新聞に親しもう

● 新聞に親しもう

　社会の動きを理解するのに欠かせない情報源の一つが新聞です。これまであまり読む機会がなかった人も、手に取る機会が少ない人も、図書館に所蔵されていますので、実物をめくってみましょう。いろいろな発見がありますよ。

✎ ピンときたところ、これは使える！と感じたところにチェックを入れてみよう！

私の日経時間

昔は赤ペン片手に精読

GMOインターネット会長兼社長　熊谷 正寿さん

　私が日経新聞を読み始めたのは20歳ごろでしょうか。「新聞にすべての情報がある」という父親の教えからでした。私が株をやっていたこともあり、株式欄を見ながらチャートをつくっていたのも、パソコンに触れ始めたのも、チャートづくりがきっかけです。

　昔はすごくマメに新聞を読んでいました。まず赤ペン片手に紙面を床に広げて、膝立ちで全体を見渡しながら、目に飛び込んでくる興味のある記事に印をつけていきます。さらに気になる部分には線を引き、そして、切り抜いた記事を分類して、スクラップブックに貼り付けるといった作業を繰り返します。何度も読み直す過程で頭の中で整理され、情報が蓄積できたと思います。

　実は「インターネット」という言葉を知ったのも、日経新聞の記事だったんです。小さな記事でしたが、その言葉からビジネスモデルを構築し、GMOインターネットの事業の原点となりました。

　今は電子版を活用しています。気になった記事はデータベースとして保管できるアプリ（応用ソフト）にメールで送っています。移動中にも目を通せるようにするためです。ネット時代の情報収集は私も試行錯誤中ですが、電子版になってデータベースづくりは便利になりました。

　ネットとは関係ない記事でも、目を引く記事があれば切り抜きます。広告を切り抜くこともあるほどです。

　新聞は記事の大きさや掲載されている位置で、記事の重要さがわかることが魅力です。新聞の全体を眺めることで世の中の動きが立体的に把握できるわけで、若い人にはぜひ読んでもらいたい。そのうえで私が若い人に伝えたいのは、自分なりの夢や目標を持つこと。自分が何らかの夢や目標を持っていれば、勝手に脳が関係のある記事に反応していくのです。

くまがい・まさとし　1963年生まれ。91年にボイスメディア（現・GMOインターネット）設立。会長兼社長として、ネットでのなりすまし防止など様々な事業を手がける。2012年には新経済連盟の理事に就任した。

日本経済新聞　2013年9月17日朝刊

「まわし読み新聞」で新聞に親しむ

3

「気になる!」「おもろい!」「これは…」
という記事を切り抜きます。
広告でもコラムでも天気予報でもなんでもOK
です。いかに小さい記事でみんなを引き付け
るか？が醍醐味です。

4

ひとり1枚づつ記事をプレゼンしてい
きます。なんでこの記事を切り抜いた
のか？を語ります。
どんな記事を切りぬいたか？どんなプレゼンを
するか？で自分の知性がモロバレです。

まわしよみ新聞の作り方

1

会社、カフェ、コミュニティ・スペース
などに新聞を持ち寄ります。
五大新聞もいいですが、業界新聞やスポーツ新聞、
地方新聞も熱いです。[※ハサミ、ノリ、四つ切画
用紙（推奨）、ポスカ（推奨）も用意します。]

2

みんなで新聞を読みます。
足を組んでコーヒー片手にちょっとヤンエグ
（死語）気分で。

5

みんなで「今日のトップ記事！」を決めて
上から順番にはっていきます。
四つ切画用紙の表裏に記事をはり、切り抜いた人
（新聞斬者）の名前も書き入れます
[※切り抜いた大きさにもよりますが記事は10枚
～20枚ほど入ります]

6

表に「まわしよみ新聞」と日付と編集局（切り抜いた
場所）裏に「編集後記」（感想と名前）を記載して完成！
「まわしよみ新聞できたよ！」といって、みんなでまわしよみしましょう！

出典：まわしよみ新聞HP　http://www.mawashiyomishinbun.info/
　　　（まわしよみ新聞実行委員会提供）

● 新聞を活用しよう

新聞を活用するためのポイント

1. 見出しをしっかり読み解く　見出しは意外と見落しがちです！

2. 紙面構成を頭に入れよう　「お気に入りの紙面」を見つけよう

3. 5W1H（31ページ）を読みとろう　＝　事実の把握

   ☆人や組織に注目してみよう　　＝　アクター（行為主体）を探せ！

   　そのアクターはどのような立場で、どうふるまっているか

   　どのような利得を得ているか、損害を被っているか

   ☆原因、背景を考えよう

   　「なぜこういうことが起きるのだろう」と思いを巡らせよう

   　そこには、どのようなメカニズムが働いているのだろうか

   　（ルール、規制、制度、法律、社会的合意、思想など）

4. 解決策、展望を考えよう

   　こんな風になったらいいのに　→　じゃあどうしたらよいのかと考えを
   　　　　　　　　　　　　　　　　　　広げていこう

5. 自分のテーマをもとう　そこから興味が広がっていきますよ

6. 雑誌やテレビ、インターネットなど他のメディアも上手に併用しよう

参考：日本経済新聞社東京本社販売局マーケット開発部（2010）『わかる！日経』日本経済新聞出版社

第6回

「問い」を立てよう

📝 良い「問い」とは

　<u>発展性のある「問い」</u>から、オリジナルな調査・研究が始まります。次の文章から、「問い」を立てるとはどういうことか読み取ってみましょう。

　天気について、2人が問いを立てる。

　　A．明日の天気はどうだろうか？
　　B．天気は人にどう影響するか？

　Aさんの問いは、調べればすぐに答えが出る。情報収集に留まって、あまり良いものが生まれてきそうにない。

　一方、Bさんの問いは、なぞがなぞを呼びつつ発展しそうだ。人の心と天気は関係があるか？　体調と天気は関係があるか？　映画の名場面では天気はどんな役割を果たしているか？　という具合に。

　学問も、問題解決も、「問い」の発見から始まる。（中略）自分にとって切実な問い、解きたいなぞ、まだ形にならない違和感も、独自の創造の芽であり、かけがえのない価値がある。

〈参考〉山田ズーニー（2001）『伝わる・揺さぶる！文章を書く』PHP新書 50-51ページ

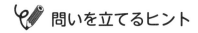 **問いを立てるヒント**

5W1H ＋ 「そもそも～だろうか」

W_____	いつ・いつから	時期
Where	_____	_____
W_____	だれ	関与している人
W_____	_____	関与しているもの・こと
W_____	なぜ	_____
H_____	_____	状況・経過・(　　)・影響
		評価・(　　　)

＋

比較・対比

関連性

信ぴょう性

浮かんだ「問い」に対して、
さらに<u>逆の立場や別の角度から</u>「問い」を立ててみるといいですね

<u>感情論にならないで</u>、いろいろな角度から考察しよう！

新聞記事を読んで「問い」を立てよう

1）まずは32-33ページの記事をしっかり読みましょう
　① 記事の出典、② 見出し、５Ｗ１Ｈ（③ いつ、④ 誰が（どんな団体が）、⑤ 何をしたのか、⑥ それはどのようなものか、⑦ なぜそのようなことをしたのか、どのような狙いがあったのか）をみつけて、記事に印を入れましょう。

2）疑問に思うこと、わからない言葉や事項、知りたいこと、つっこみたいことなどを余白に書き出しましょう

毎日新聞　2011年11月10日朝刊（共同通信配信）

第6回 「問い」を立てよう

―47都道府県幸福度ランキング―

【研究期間】2011年4月～9月
【研究者】
　法政大学大学院 政策創造研究科 教授 坂本光司
　幸福度指数研究会 (社会人学生10名)
【研究方法】
　様々な社会経済統計の中から、地域住民の幸福度を端的に示
　していると思われる40の指標を抽出・加工。これら40の指標
　を上位から順にランキングを付すとともに10段階評価 (1～10
　点) をした。
　→1～5位＝10点、6～10位＝9点、11～15位＝8点、
　　16～20位＝7点、21～25位＝6点、26～30位＝5点、
　　31～35位＝4点、36～40位＝3点、41～45位＝2点、
　　46～47位＝1点
　そして、40の指標ごとの評点の平均値(総合平均評点) を計算し、
ランキングした。

〈40の指標〉
■生活・家族部門／9指標
1. 出生率
2. 未婚率
3. 転入率
4. 交際費比率
5. 持ち家率
6. 畳数
7. 下水道普及率
8. 生活保護比率
9. 保育所定員比率

■労働・企業部門／10指標
10. 離職率
11. 労働時間
12. 有業率
13. 正社員比率
14. 就業希望者比率
15. 就業期間
16. 完全失業率
17. 障がい者雇用比率
18. 欠損法人 (赤字企業) 比率
19. 平均工賃月額

■安全・安心部門／12指標
20. 刑法犯認知数
21. 公害苦情件数
22. 交通事故件数
23. 出火件数
24. 労働災害
25. 地方債現在高
26. 負債現在高
27. 貯蓄現在高
28. 老人福祉費
29. 手助け必要者比率
30. 悩みストレス比率
31. 相談できない人比率

■医療・健康部門／9指標
32. 休養時間
33. 趣味娯楽時間
34. 医療費
35. 病床数
36. 医師数
37. 老衰死亡者数
38. 自殺死亡者数
39. 平均寿命 (男)
40. 平均寿命 (女)

順位	都道府県	評点平均
1	福井	7.23
2	富山	7.20
3	石川	6.90
4	鳥取	6.63
5	佐賀	6.55
5	熊本	6.55
7	長野	6.48
8	島根	6.35
9	三重	6.25
10	新潟	6.18
11	滋賀	6.13
12	香川	6.10
13	岐阜	6.08
14	山梨	6.05
14	大分	6.05
16	山口	6.00
16	徳島	6.00
18	広島	5.95
19	山形	5.93
19	静岡	5.93
21	愛知	5.90
22	岩手	5.88
22	長崎	5.88
24	岡山	5.83
25	群馬	5.80
26	栃木	5.75
27	福島	5.73
27	愛媛	5.73
27	宮崎	5.73
30	茨城	5.68
31	奈良	5.65
32	和歌山	5.63
33	千葉	5.53
33	神奈川	5.53
35	鹿児島	5.45
36	宮城	5.43
37	秋田	5.40
38	東京	5.38
39	福岡	5.28
40	青森	5.25
41	沖縄	5.20
42	京都	5.18
43	北海道	5.15
44	埼玉	5.08
45	兵庫	5.03
46	高知	5.00
47	大阪	4.75

法政大学 (2011)「47都道府県幸福度ランキング」『法政大学』
http://www.hosei.ac.jp/documents/koho/photo/2011/11/20111110.pdf
(2017年1月6日参照)

Part II　資料になじむ

3）**WS** Ⅱ-3をダウンロードして、「自分も近いことを思いついた」というものには〇を、「思いつきもしなかった」「なるほど」というものには☑を入れていきましょう。

4）次の記事を読んで、32〜33ページの記事との観点の違いを比べてみましょう。

EconomicNews

「幸せのものさし」で激変、日本一幸せな県は？（2013年02月27日14:54）

　2011年に法政大学の研究グループが発表した「47都道府県の幸福度指数・ランキング」によると、日本一「幸せ」な環境が整っているのは福井県で、2位は富山県、3位は石川県となった。北陸3県がトップを独占する一方、東京都は38位、大阪府は47位と、大都市圏に暮らすことが必ずしも「幸せ」とは限らないという結果になっている。

　ところが昨年末に発刊された『日本でいちばんいい県　都道府県別幸福度ランキング』（寺島実郎監修、一般財団法人日本総合研究所編）では、日本で最も幸福度が高いのは長野県で、2位が東京都、3位が福井県とされている。長野県は法政大の調査では7位だったが、今回は1位に。38位だった東京は一気に2位と順位をあげている。ちなみに大阪は42位だった。

　どうしてこのような違いが現れるのだろうか。カギは幸福度を算出するために使われる指標の違いにある。法政大の調査では、幸福度を「生活・家族」「労働・企業」「安全・安心」「医療・健康」の4部門、合計40の指標から算出している。持ち家率、就職率、貯蓄額、出生数、保育所数、犯罪や火災の件数、平均寿命などが考慮されており、1位の福井県は失業率、持ち家の広さ、自動車保有数、貯蓄率などで上位にランクインした。

　一方、日本総研の調査では、社会構造などを示す基本指標と「健康」「文化」「仕事」「教育」「生活」という5つの分野を加えた合計55の指標が使われている。東京都は「財政健全度」や「一人あたり県民所得」「留学生数」「海外渡航者数」などでトップとなり、結果的に全国ランキングで2位に食い込んだのだ。

　法政大の調査では、失業率の低さや保育所定員の高さなど、国内での就業環境や、子育てのしやすさで北陸3県がトップを独占した。一方で日本総研の調査では、法政大の調査では使われていない「留学生数」や「海外渡航者数」といった評価軸が用いられている。これらは当然、グローバルに開かれた大都市である東京都にとっては有利となり、日本海側の北陸勢にとっては不利になる。暮らしやすさか、グローバルに開かれた開放性か。2つの幸福度ランキングを比較してみると、「幸せのものさし」が見えてくる。

　http://economic.jp/?p＝9698（2013年2月28日参照）

5）**WS** Ⅱ-4をダウンロードして、上の記事の内容を簡潔にまとめ、「問い」を立ててみましょう。

第7回

データベースを活用しよう

● データベースとは

　「広範囲のデータを収集・整理・保管し、利用者に必要な情報を即時に提供するシステム」のことです（『大辞泉 第二版』（小学館）より）。つまり、辞書や事典、電話帳なども広義（広い意味で）のデータベースということになりますが、ここでは特に、コンピューターで関連し合うデータを収集・整理して検索や更新を効率化したものに注目します。

● データベースの種類

　18ページの演習で使った図書館の蔵書検索システム（OPAC）もデータベースの一つです。最近では、複数の図書館を横断して検索できるサービスも広がっています。

　大学生のみなさんは、まずは、CiNii（国立情報学研究所）http://ci.nii.ac.jp/　を使ってみましょう。書籍や雑誌論文をキーワードから検索することができます。雑誌論文のなかには本文までオンラインで読むことができるものもあります。なお、CiNiiはインターネットで無料で使うことができます。

　そのほかにも、新聞や論文、雑誌記事、辞書や事典類をまとめたデータベースが多数あります。これらには、無料のものも有料のものもあります。大学図書館や公立図書館では有料のデータベースを契約していることが多いので、ぜひ活用しましょう。

Part Ⅱ　資料になじむ

✎ データベースを使ってみる

データベースを使って調べものをしてみましょう。いずれも、

> ① 出典（新聞紙名や雑誌名、掲載年月日、URL、わかれば著者や編者など）、
> ② 記事の見出し（タイトル）、
> ③ 要点やメモを書きましょう。

　この演習は、ワークシートを用意していません。Wordなどを使って、自分で見やすくまとめてみましょう。新聞の場合は **WS** Ⅱ-5、雑誌の場合は **WS** Ⅱ-6を使っていただくとよいでしょう。

　１）あなたの生まれた日の新聞をデータベースで探しましょう。気になる記事を見つけ、要点を簡潔にまとめてみましょう。
検索のヒント：年月日を指定して検索します

　２）専門用語の意味を調べ、その言葉が使われている記事を探しましょう。用語は先生に出題してもらうといいでしょう。
検索のヒント：辞典、事典などをまとめたデータベースが便利です

　３）面白い記事を見つけて、それをもとにクイズを作って出題し合いましょう。

　４）あなたが気になること（人）、好きなこと（人）や、これから調査、研究してみたいことに関連する言葉で検索し、できるだけたくさんの情報を集めてみましょう。

36

第8回

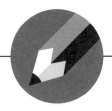

おすすめの新聞記事を紹介しよう

✏️ 社会に対する関心を引き出す

　紙の新聞またはデータベースから、これはというおすすめの記事を見つけてクラスメイトに紹介しましょう。あなたやクラスメイトが何に関心を持ち、どのような意見を持っているかを知る機会にもなります。

WS Ⅱ-5

記入例)

① 　朝日　新聞　2016 年　6 月　28 日（　朝刊　）29 ページ、第2兵庫　面）
見出し「　　　光る個性　児童ら力作　　　　　」
② 　記事の内容を5W1Hに沿って簡潔にまとめなさい 　2016年6月12日、梅花女子大学が大阪市北区のグランフロント大阪北館でワークショップ「帯で伝えよう！本のミリョク」を開いた。
③ 　その記事はどういった点でおすすめなのですか　どのような意義がある記事ですか 　小学生に本の帯の意味や歴史を紹介したり、帯には手に取って読みたくなるような様々な工夫が凝らされていることを説明したりすることで、もっと小学生に本について興味を持ってもらおうとしている点がおすすめである。また、作者が伝えたい思いやフレーズをみんなで考え、帯を自ら作成することで、小学生に本を読む楽しさや読解力を身につけてもらいたいというところに意義がある記事である。
④ 　記事の内容に対して「問い」を立てましょう　できるだけたくさん挙げましょう 　このワークショップで、実際に子供たちがどのような帯を完成させたのか具体性が見えない。帯の作成後に小学生同士で作った帯を発表したり、交流したりする機会を設けなかったのか。

＊意味がわからない（スラスラと説明できない）言葉、新しく知った言葉を辞書で調べて書きましょう
　ワークショップ：参加者が自主的な活動方式で行う講習会のこと。

　以上ができたら、200〜400字で、この記事についての意見文をまとめなさい。テキスト第9回の投書例も参考にしましょう。
　2016年6月12日、梅花女子大学が大阪市北区のグランフロント大阪北館でワークショップ「帯で伝えよう！本のミリョク」を開いた。活字離れが増加しているなか、楽しく本に触れる機会を設けることは良いことだ。私もこのような帯づくりを何度もしたことがある。

> 本の魅力を引き出すためには、本の内容や作者が伝えたいことを読み解かなければいけない。小学生の時からそのようなことを考えながら本を読むことによって、読書の面白さや楽しさに気づくことができると思う。小学生だけでなく、読書時間が減るという中高生にも、このワークショップを開催すればさらによいと考えた。
> この記事を読んで、私ももっと本を読む時間を増やしたいと改めて考えるようになった。そして、ただ読むだけではなくその本の意図を読み取りながら、楽しい読書の時間を過ごしたい。

✏️ オリジナル新聞を編集する

1）4人くらいのグループで、おすすめの記事を紹介し合います
  ＊グループ内で、各自のおすすめの記事を紹介します（一人2分ほど）
  ＊雑談やつっこみ、ディスカッションの時間もとりましょう
  ＊グループのメンバーの感想や意見も参考にしてオリジナルの記事を作ります

2）グループで大きめの画用紙一枚の新聞に編集します。
  ＊紙の新聞から見出しや写真、グラフ、イラストなどを切り取って使うと効果的です。
  ＊次の項目は必ず記載します。
  ＊完成したら、クラス全体にプレゼンテーションします。

オリジナル新聞の例

- オリジナルの新聞名
- メンバー名
- 作成年月日
- 記事の出典
- （〇〇新聞朝／夕刊〇年〇月〇日）
- 編集後記

第9回

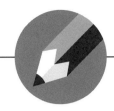

意見文を書こう

意見を文章にしよう

紙の新聞やデータベースから、気になる記事をみつけて、400字程度の意見文を書いてみましょう。ほとんどの新聞には、読者の投稿欄があり、メールやインターネットサイトから投稿することができます。投稿してみましょう。

意見文の構成を読みとろう

次の投書は大学1年生の書いた400字前後の意見文です。各段落で何について書いているか読みとって、意見文作成の参考にしましょう。

若者Box席

高芝　優子　18歳
(学生　三木市)

大地震の死者を減らすために

兵庫県が6月29日、建物の耐震化や津波対策などを進めるため、被害の大幅な軽減を目指す「南海トラフ地震・津波対策アクションプログラム」を発表した。

阪神・淡路大震災の被害が大きかった兵庫県ではその教訓を生かし、さまざまな取り組みが進んでいる。

このプログラムの目標は、公共建築物の耐震化が多く、達成できれば、想定死者数が2万9千人から400人に減ると見込まれている。し

かし、想定死者数がそんなにも変動するのだろうか。

なぜなら、公共施設は耐震工事が進むが、個人宅の耐震化までははき届かないと考えられるからである。もし、多くの人が自宅で過ごす深夜に地震が起きると、昼間に起きるときに比べ死者数は増加するだろう。

いつ起こるか分からない地震に備えて、個人宅でも事前に対策をすることが大切だ。そして何よりも積極的に訓練に参加する必要がある。

神戸新聞　2015年7月22日朝刊掲載

第10回

雑誌に親しもう

✏️ おすすめの雑誌記事を紹介する

　図書館の雑誌コーナーで興味をもった雑誌記事を見つけましょう。わからない・知らない・気になる言葉は必ず辞典（事典）などで調べましょう。図書館には、さまざまな種類の雑誌があります。専門性の高いものも手に取るようにしましょう。複数の雑誌から一記事ずつ、全部で4本くらいの記事を選ぶようにすると、多様な話題に触れることができます。

● 座談会を楽しむ

　雑誌は写真やイラストが豊富ですので、小グループで雑誌の現物を見せながら記事を紹介し合うことをおすすめします。感想や雑談を交えた、形式ばらない座談会方式がよいでしょう。ただし、一人一記事ずつ紹介し、全員に発言のチャンスが回るようにしましょう。

　クラス全体に発表するときは、教材提示装置（OHC）などで映写するとよいでしょう。なお、別の人が同じ雑誌を使う場合や、通常の教室でプレゼンを行う場合を考えて、雑誌の表紙や記事のコピーをとっておくことをおすすめします。

第10回　雑誌に親しもう

WS Ⅱ-6

記入例）

雑誌名　『　月刊コンビニ　』

発行年（月日）または巻号　　2013年11月号

著者（編者）　　月刊コンビニ編集部

タイトル「　「付加価値MD」の競争力　　　」

掲載ページ　　73〜89

興味をもったところ、おすすめポイント、問い

・各コンビニの注目商品がおいしそう
　　→食品ばっかり。コンビニの主力は食べ物？
・聞いたことのないコンビニがある　→それぞれのシェアは？
・コンビニの雑誌があるとは知らなかった
　　→　デパートとかファミレスの雑誌もある？

新しく知った言葉（よみかた）と意味
※意味、説明を辞典などで調べて簡潔に書きましょう

MD（エムディー）：マーチャンダイジングの略。商品計画とも。
　　　　　卸売業者や小売業者のような流通業者が、マーケティング目
　　　　　標を達成するために行う商品構成、仕入れ、販売方法、
　　　　　価格設定、陳列、販売促進等を計画・実行・管理すること。
　　　　　　　　　　　　　　　　　『知恵蔵2015』（朝日新聞社）より

第11回

「おすすめの一冊」を紹介しよう

● **書評作成のコツ**

あなたのおすすめの一冊を紹介しましょう。単なる感想文から脱却した書評を書けるようになりましょう。この回では、その準備をしていきます。Webサイトの WS Ⅱ-7 をダウンロードして書き込みましょう。あるいは、Wordなどで打ち込むのもよいでしょう。第13回での書評文作成が効率的に進められます。

WS Ⅱ-7

記入例）

[準備] 書誌情報を書きましょう

著者　　　ジョン・ウッド
書名　　『 マイクロソフトでは出会えなかった天職　僕はこうして社会起業家になった 』
出版社（者）　ランダムハウス講談社
出版年　　2007年

1. 著者の職業、略歴、主な著作を調べましょう
　　マイクロソフトで国際市場を担当
　　1998年　休暇でネパールを訪問　翌年、父と再訪
　　1999年末　退職、NGO「ルーム・トゥ・リード」を設立
　　学校、図書館建設、女子の就学支援事業
　　他の著作『僕の「天職」は7000人のキャラバンになった』
　　（ダイヤモンド社　2013年）

2. 対象とする読者、作品の目的、ねらい、作品が書かれた時代背景　など
　　途上国の教育事情を広く知ってもらうため
　　→　図書室や本のない学校がたくさんある
　　活動への支援を募るため

第11回 「おすすめの一冊」を紹介しよう

3. （小説などの場合）舞台設定、主な登場人物について簡潔にまとめておきましょう

> ジョン・ウッド本人の体験談（ノンフィクション）である
> 幸せな子ども時代、父や母、仲間　→　ウッド氏の活動に協力

4. あなたがその本を読んだきっかけは？　　なぜ気になったのですか

> 図書館や本が好きだから　世界の教育に関心があるから
> →その二つに関わるNGOの創設者が書いた本なので

5. タイトルや目次を見たときは、どのような内容を想像していましたか

> 世界的企業を辞めてまで取り組む→やりがいのある活動だろうと想像

6. 実際に中身をみたとき、5.で想像していた内容と同じでしたか
   違っていた場合、どういった点で違いましたか

> 想像以上にパワフル　動かすお金が桁違い　→調達できることに驚き

7. 面白いと思ったところ、共感できたところ、感動したところなどはどこですか
   またその理由は？　　引用する場合は「　」でくくっておきましょう

> ・ジョン・ウッドの幸せな子ども時代　本に夢中だったこと
> 　図書館に通いつめたこと　それができるように両親が自転車をプレゼント
> ・はじめはロバに本を積んで届けた
> ・父や母や仲間がすぐに協力してくれたところ

8. 共感できなかったところ、期待はずれだった点などはありましたか
   その理由は

> 共感できないわけではないが、あまりに桁外れな活動で真似できないと感じた

9. 著者が主張したかったことが最もよく表れているところはどこでしょう
   あなたの言葉でまとめてもかまいません

> 「すべての子どもは限りない可能性を持っていて、実現のための機会を得るにふさわしい存在である」（ウッド氏のHPより）

10. どのような点で、この本を薦めますか
    あるいは、どういった人に薦めますか　自分の言葉で具体的に書きましょう

> はじめは小さな活動でも、強い信念で人々の共感を得れば大きな成果を生むというところに勇気をもらえる
> NPO、NGOで活動したい人におすすめ、本や図書館が好きな人にも

↓

以上の項目をどの順番で書けば効果的かを考え、（数字を）並べかえよう
※すべてを盛り込まなくてもかまいません

↓

先生のチェックを受けたら、文と文がつながるように気を付けて文章にしていきます

43

第12回

書評を読んでみよう

● フィクション（物語）の書評を読んでみよう

書評例１）

> 科目名と担当者名
>
> 文章表現Ⅱ　〇曜〇限（〇〇〇〇先生）
>
> 長谷川摂子作、ふりやなな絵『めっきらもっきら　どおんどん』（福音館書店　1990年）
>
> 　　　　　　　　　　　　　　　　　　学籍番号0000000　学園西子
>
> 　　ちんぷく　まんぷく　あっぺらこの　きんぴらこ　じょんがら　ぴこたこ　めっきらもっきら　どおん　どん　　［印象的なフレーズによる「つかみ」］
>
> 　このへんてこりんな歌は、遊ぶ友達がいなかった主人公のかんたが、やけくそで口ずさんだ歌だ。誰もいない神社でこの歌を歌うと、神社の神木の穴から不思議な声が聞こえてくる。その穴の先にあった不思議な夜の山で、かんたは「もんもんびゃっこ」、「しっかかもっかか」、「おたからまんちん」という、おかしな３人組と出会う。かんたは「あそぼう、あそぼう」としきりにせがむ３人組と、不思議な世界でさまざまな遊びを楽しむ。　　［作品紹介、登場人物、物語の設定］
>
> 　この絵本は子どもの時に過ごす時間の大切さや楽しさを思い出させてくれる。「子どもの時間」の秒針は規則的に動かず、子どもが自由に遊び、感動するごとに、奔放に、自在に動きを変える。そして、この奔放で自在な秒針の音は、大人が介入すると聞こえなくなってしまう。
>
> 　子どもの時間は大人の常識から離れることで宝物にたくさん出会う時間となり、不思議や好奇心の宝庫となる。　　［作品全体のもつ意味、効果］

第12回　書評を読んでみよう

「お宝」交換でかんたからビールの王冠を手渡された「おたからまんちん」は「ビールのおうさまのかんむりか。そんなおたからがてにはいるとは、ありがたきしあわせ」と喜んで受け取る。普通ならゴミ箱行きのビール瓶のフタも、かんたや「おたからまんちん」にとっては大切な宝物なのだ。

子どもがみつけた不思議、驚き、美しさは、「子どもの時間」であるからこそ輝いてみえる。子どもが緑の葉の中に１枚だけ赤い葉っぱが混じっているのをみつけ、驚き、手に取り、宝物としてポケットにしまうことがある。大人になると赤い葉を気にもとめない。もしかすると、「枯れたんだね」「虫喰いの葉だから赤いんだね」と子どもに説明するかもしれない。その途端、子どもがみつけた輝きは大人の与える常識によって色褪せ、「すてきな赤い葉」から「ただの虫食いの葉」になってしまう。大人の常識、価値観が入ると、子どもの周りにある宝庫は輝きを失ってしまうのだ。輝きへのかんたの眼差しが描かれた場面は、読者の思い出のなかにある宝箱をも開いてくれる。

「しっかかもっかか」との遊びは、大人から「危ない」と叱られる遊びにチャレンジする楽しさを、「もんもんびゃっこ」との遊びは大人と一緒に遊ばないからこそ、自分が「一番」「名人」になるまで飽くまで遊べる楽しさを思い出させてくれる。

私はこの絵本によって自分の子どもの時間を思い出すことができた。もし、みなさんが自分の子どもの時間を呼び覚ましたければ、一度この絵本を手に取ってみてほしい。そして、目の前に広がる原色の子どもの時間を堪能してほしい。

（本文1067字）

> 印象的な場面を紹介しながら、自らの体験と観察を盛り込んで、「子どもの時間」について考察

> まとめとおすすめポイント

Part II　資料になじむ

書評の構成を読みとろう

　次はノンフィクションの書評の例です。各段落で何を伝えようとしているのかを読みとり、枠の中に書きましょう。

書評例２）

文章表現II　〇曜〇限（〇〇〇〇先生）

ジョン・ウッド『マイクロソフトでは出会えなかった天職　僕はこうして社会起業家になった』（ランダムハウス講談社　2007年）

　　　　　　　　　　　　　　　　　　　　学籍番号0000000　神戸花子

　著者ジョン・ウッドはマイクロソフトで国際市場の開拓を担当していたエリートである。1998年、多忙な業務をやりくりして休暇を取った彼はネパールの山奥の学校を訪問する機会を得る。そこで見たのは、子どもでぎゅうぎゅうの教室と空っぽの図書館であった。衝撃を受けたウッドは家族や友人知人に協力を仰ぎ、大量の本を集める。そして翌年、父とともに8頭のロバの背に本を積んで現地に届けたのである。

　1999年末、ウッドはマイクロソフト社を退職し、NGO「ルーム・トゥ・リード」を設立、学校や図書館の建設、女子の就学支援事業に乗り出した。広い人脈を活用し、並外れた熱意と行動力で活動を拡大する。本人は無報酬、貯金を切り崩す日々を続けながらである。

　その熱意を支えたのは子どもの頃の幸せな思い出だ。彼は幼いころ母に読み聞かせをしてもらい、大の本好きになる。10歳のクリスマスには両親から自転車をプレゼントされ、図書館に足しげく通ったという。幼いころに味わった、こうした本との幸せな出会いを、貧しい国に生まれたからといってあきらめなければならない子どもがいてはいけない。その信念が彼の活動の原動力になっているのだ。

　ウッドが始めたルーム・トゥ・リードは、2015年7月までにアジア・アフリカに1,930校の学校を建設し、17,534室の図書館・図書室を設立した。これによって教育機会を得た子どもは970万名にのぼる。2015年までに1000万人の子どもに教育の機会を提供するという目標達成も間近なようだ。　［後日談を補足］

　ところで、本書を読み進めていくと一つの疑問が生じる。彼らの活動を支える資源はどこから調達しているのか。ウッドは2冊目の著書＊で、事業拡大に伴う資金繰りの難しさを赤裸々に綴っている。活動を支えているのは大富豪や企業からの大口の寄付である。その額は個人が出せる額とは桁が違う。彼らの社会　［自分の疑問と意見］

的使命感や貢献によって得られる成果はもちろん尊い。しかし、学校や図書館すらもてない国や地域がある一方で、個人資産や社会貢献という名の経費でそれらを賄えてしまうほど富を蓄えている層が存在するという事実には大きな矛盾を感じざるを得ない。

国際連合は2000年、「ミレニアム開発目標」で、2015年までに世界中の子どもが初等教育の全課程を修了できるようにすると目標を定めた。今年がその期限である。初等教育を受けられない世界の児童数は、2000年の1億人から2012年には5800万人へと約半減した。しかし、就学した児童の25%以上は卒業できていない。紛争の影響で通学できない児童もいる。障がい児への配慮不足といった課題も残っている。

「すべての子どもは限りない可能性を持っていて、実現のための機会を得るにふさわしい存在である」というルーム・トゥ・リードの活動の信念に賛同し、今後の展開に注目しつつも、富の偏在やそれを生み出す構造にも目を向けていきたいと思うのである。

（本文1160字）

＊ジョン・ウッド（2013）『僕の「天職」は7000人のキャラバンになった』（ダイヤモンド社）

調べたことを補足

まとめと展望

第13回

書評を書こう

● **論理的な文章を書くには**

　書評作成は、読書感想文や作文から一歩進んで、大学生らしい、論理的で、人に伝わる文章を書く練習に最適です。ここでは第12回の書評例を参考に、第11回 WS Ⅱ-7 を文章にしていきます。

> ☆**読書**を通して論理的文章に慣れよう
> ☆**文章の「決まりごと」**（＝ルール）を守ろう　※

※書評文を書く前に、PartⅠを学習してください。

✎ 推敲する

　文章は、必ず読み返して手直しします。これを**推敲**（すいこう）と言います。以下の点は、どのような文章にも共通するチェックポイントです。□にチェックマークを入れましょう。

- □　課された条件に合っているか、テーマがずれていないか
- □　筋が通っているか
- □　言葉や感じや言い回しに間違いがないか
- □　文章のリズムや流れが良いか　音読して確かめてみよう

第13回　書評を書こう

✏ 書評文のチェックポイント

　書評文で特に注意すべき点を以下に挙げます。各自でチェックしましょう。クラスメイトと相互（ピア）にチェックするのもいいですね。

① 単なる作文、感想文から脱却するために
　□　どこがどう良いか**具体的に書きます**
　□　紹介したい部分を引用するときは「　」をつけます
　□　その作品を知らない人にも話が通じるように意識しましょう
　□　舞台設定、登場人物の紹介を盛り込みます　ただしほどほどに

② 文のまとまりを意識しましょう
　□　**一つの段落には、一つのトピック**（小主題：話題や主張）だけを書きます
　□　**段落を変えるときは改行し、一字下げます**（一字空けます）
　□　インターネットやブログ、メールのように改行を多用しません

③ 同じことの繰り返しになっていませんか
　□　名前の表記に注意しましょう
　　　一回目はフルネーム、二回目以降は名字や、彼／彼女で書きます
　　　　例）「著者は東野圭吾である。東野／彼の作品は～」
　□　同じ言葉や表現を繰り返していませんか
　□　強調したいことは具体的なエピソードの紹介、良いフレーズの引用などで
　　　印象づけます

④ 言葉づかいに注意しましょう
　□　「お母さん」「お父さん」ではなく「母」「父」、「奥さん」「だんなさん」ではなく「妻」「夫」と書きます
　□　**「けど」「なので」は文頭にもってきません**
　□　**常套句や、使いまわされた表現を避けましょう**
　　　　例）「独特の世界観にひきこまれた」

49

第14回

「おすすめの一冊」をPOPで紹介しよう

● 短い言葉で表現する

　書評が書けたら、一目でその魅力を伝えるPOPや帯、しおりなどを作ってみましょう。短い言葉で、その本の魅力を伝えることも文章表現の一つです。パワーポイントなどで作成するのも良いですし、手書きも味があって人目を引きます。作品例を次のページに載せていますので参考にしてください。また、カラー版はカバー・Webサイトでも参照できます。

● 課題として取り組む場合の注意点

- □ <u>書誌情報（著者『書名』出版社 出版年）</u>を必ず入れます
- □ <u>自分の言葉で表現</u>しましょう
    あなたが書いた書評文をさらに要約するか、ここはという箇所を抜粋しましょう　それによってオリジナルな表現となります
- □ ペンネーム（本名でもよい）をどこかに入れます
- □ 四角である必要はありません　独創的なデザインを考えてもいいですね
- □ 画像（写真、イラストなど）を利用する場合は、<u>著作権</u>に十分に留意しましょう（52ページ参照）

✎ POPを使っておすすめの一冊を紹介しよう

　できあがったPOPを提示しながら、あなたのおすすめの一冊をクラスメイトに紹介しましょう。クラス全体へのプレゼンテーションでも、座談会方式でもよいと思います。そして、興味を持った本はぜひ読んでみましょう。図書館に所蔵されていなければリクエストしてみましょう。

POPの例

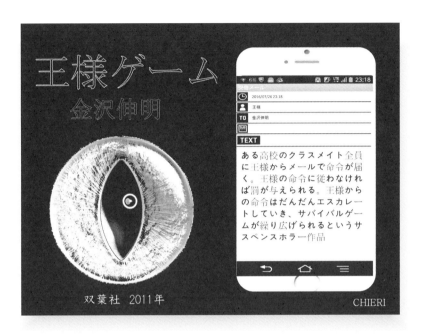

しおりの例

コラム

著作権に配慮したレポート・作品を作ろう

著作権ってなんだろう？

　資料を利用してレポートやPOPなどを作成する際は、利用する資料の「著作権」に十分に配慮する必要があります。それらの資料を作った人（著作者）には、資料そのものやそこから得られる成果や利益に対して正当な権利（＝著作権）があります。

　この著作権には、狭義の「著作権」と「著作者人格権」が含まれており、著作物の財産的な価値だけでなく、著作者の人格的な利益も保護の対象となります。「著作者人格権」の具体的な内容としては、①公表権（著作物を公表するかどうか、その時期と形態をどうするか決定する権利）、②氏名表示権（著作者名を表示するか、どのような名前で公表するか決定する権利）、③同一性保持権（著作物の内容やタイトルを自分の意に反して改変されない権利）があります。

大学の授業における著作権

　本来は、著作者以外がその著作物を使用する際は許諾（許可）が必要です。しかし、教育の場面では、その公共性から、例外的に著作者の了解なしに著作物を使用することが許されています（著作権法第35条）。ですから、この本で紹介するように、大学の授業の中で、資料を利用して作品を作成することは著作権法上問題ありません。ただし、許されているのはあくまでも「授業の過程」で使用する場合です。そして、その場合でも以下の点に十分に留意する必要があります（著作権法第35条ガイドライン協議会による「学校その他の教育機関における著作物の複製に関する 著作権法第35条ガイドライン」を確認してください）。

・出所を明記する（書籍の場合、書名・著作者名・出版社名・発行年など）
・必要最低限の引用・使用にとどめる
・著作者の意図に反した改変・編集を行わない　など

※本の装丁（カバーデザイン）については、装丁自体に著作権があると考えられています。そのため、装丁を利用する場合は、（本に記載がある限りにおいて）作成したデザイナー名も明記した方がよいと思われます。
※授業で作成したとしても、それをウェブで公開したりコンクール等に出品したりすることは「授業の過程」にあたらず、許諾が必要となります。

Part Ⅲ
レポートを体験する

第1回

レポートを書く目的と効果を理解しよう

何のためにレポートを書くのでしょうか？

先生の立場から	学生の立場から

試験とレポートの違いは？

試　験	レポート

● 授業の内容の理解の確認

　高校生までは、「授業内容が理解できているかどうか」は、　　　　　によって確認されていましたが、大学では、試験の代わりに　　　　　　が課されることが多くなります。つまり、**レポートの第一の目的は、試験と同様、**　　　　　　**が理解できているかどうかを授業担当者（先生）が確認し、**　　　　　**するためです。** さらに、授業内容を理解したうえで、レポートを書くなかで、さらに**知識、理解を深めてほしい**、という思いがレポートを課す側（先生）にはあります。

第1回　レポートを書く目的と効果を理解しよう

● レポートに必要とされるさまざまな能力

　また、レポートを書き上げるまでには、試験の場合は必要とされない**さまざまな能力が必要**とされます。

　まず、先生からテーマが与えられたら、期限までにレポートを提出するまでに計画を立てる能力＝「　　　　　　力」が必要となります。そして、テーマの概要やテーマをめぐって話題（問題）になっていることなどを知るために材料（参考文献）を集める「　　　　　　力」と、そこから得られる情報の中から「どうしてこうなっているんだろう」と『　　　　　』を立てられる能力＝「　　　　　　力」がレポートには求められます。

　次に、このレポートで明らかにしたいこと＝主張が明確になれば、どのように論を展開させていくかという「　　　　　　思考力」（ロジカルシンキング）やそのために集めた材料（参考文献）を、取捨選択したり、整理したりする「　　　　　　力」も必要となります。

　必要な材料（参考文献）が絞られたら、文献を正しく読み取る「　　　　　　力」と、著者の主張を批判的に読み、考える力＝「　　　　　　思考力」（クリティカルシンキング）も必要になります。さらに文献を引用する場合には「　　　　　　力」も求められます。そして、最終的には、これら調査・研究の結果を自分の言葉でまとめる「　　　　　　力」が求められます。

　これらの能力を身につけることも、レポートの大切な目的です。

● 卒業論文、研究者や社会人への大切な準備

　レポート作成によって得られる能力は、　　　　　　論文の作成に役立つだけではありません。研究者にとって必須の能力であることは言うまでもないことですが、社会に出てからも、会社などに提出する報告書を書く際の基礎にもなります。

　また、レポートで培ったこれらの能力は、ビジネスや社会生活で直面するさまざまな課題に取り組む際に役に立つでしょう。

55

▶学生にとってのレポートの目的：
　テーマについて必要な知識を習得したかどうか、レポートを書くのに必要なさまざまな能力があるかどうかの重要な証明

▶学生にとってのレポートの効果：
　レポートを書くなかで、社会人になり、課題を解決していく場面で必要とされる能力の獲得

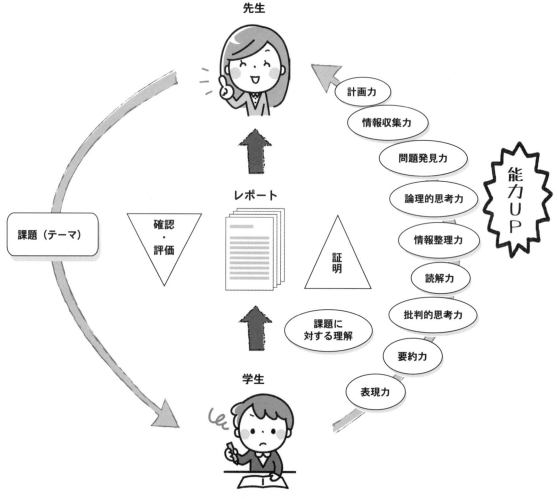

■ まとめ：レポートの目的と効果 ■

第1回　レポートを書く目的と効果を理解しよう

第2回

レポートの特徴をつかもう

感想文

　僕は、日本の人口が減ると大変だと思います。働く人が減って高齢者が増えるので、経済状況が悪くなって、みんなが貧しくなると思います。

　人口が減るのは結婚しても子どもを産んで預けることができないからで、保育園がなかなか増えないことが腹立たしいです。

　僕は、お嫁さんが働かなくてもいいくらいの収入のある会社に就職して、子どもをたくさん増やそうと思っているので、これから頑張って勉強していこうと思います。

レポート

　2005年から日本の人口が継続的に減少し、人口減少社会に突入した。

　人口減少社会になると、労働人口が減少するため、GDP（国内総生産）が減少し、経済の縮小が危惧される。

　また、労働者の割合が低下し、年金負担能力や税負担能力が低下する一方で高齢者の割合が上昇するため、年金給付や財政支出の困難も予想される。

　人口減少は、合計出生率が長年にわたって低水準にとどまってきたためであり、その要因として、「生涯未婚率」の増加と結婚しても一組の夫婦が持つ子ども数が減少していることが挙げられる。

　いずれも経済的な困難が大きな原因となっているので、国の支援をすることで、結婚しやすい、子どもを生み、育てやすい社会にしていくことが必要だと考える。

第2回　レポートの特徴をつかもう

✎ 感想文とレポートはどう違うのでしょうか？

	感想文	レポート
内　容		
主　張		
根　拠		
形　式		
文　体・表　現		

59

● レポートの特徴

① [　　　] と [　　　]
② [　] 部構成（[　] 論・[　] 論・[　] 論）
③ レポートらしい [　　　]

1 主張と根拠

✎ 根拠って何？

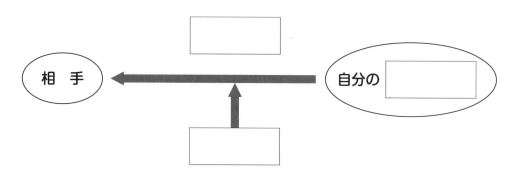

第2回　レポートの特徴をつかもう

✎ 「主張（意見）」はどれ？ 「根拠」はどれ？

1　自分を理解することは面倒くさい。

2　自分を理解することは難しい。

3　他人からどう見られているかを分析することで、自己理解を深めることができると言われている。

4　他人からどう見られているかを分析することで、自己理解を深めることができると思う。

5　他人からどう見られているかを分析することで、自己理解を深めることができると言われているので、他人からの評価も参考にすべきだ。

✎ 「根拠」を加え、「主張」に説得力を持たせましょう

1　「授業中おしゃべりすべきではありません！」

　　　　　↓

1'「

ので、

授業中おしゃべりすべきではありません！」

2　「朝食は抜かないほうがいいよ」

　　　　　↓

2'「

ので、

朝食は抜かないほうがいいよ」

61

Part Ⅲ　レポートを体験する

2　3部構成（序論・本論・結論）

【序論】テーマの背景とどんな「問い」についてどんな「答え」（主張）を
　　　　導くのか予告する

> ①**背景説明**
>
> 　　取り上げるテーマの基本知識

目標規定文 {

> ②**「問い」の提示（問題提起）**
>
> 　　どういう問題に取り組むのか

> ③**レポートの「答え」（主張）**
>
> 　　何を明らかにするのか

【本論】なぜその「答え」（主張）が導かれるのか「根拠」をそろえて説明
　　　　する

> **根拠1**

> **根拠2**

・
・
・

【結論】「問い」に対する「答え」をまとめ、今後の展望でしめくくる

> 「問い」と「答え」のまとめ

> **今後の展望**（残された課題）

62

第2回 レポートの特徴をつかもう

次のレポートで構成を確認してみましょう

人口減少社会について

　現在、世界人口は増加の一途を辿っているが、日本に限ってみれば、2008年をピークに人口は減少を続けている。2008年に１億2808万人だった人口は2014年には１億2708万人となっている。合計特殊出生率は1990年以降、現在も1.5を割り込む低い水準が続いており、この推移に鑑みて今後も日本の人口は減少が続き、2050年には人口は１億人を割り込むと考えられている（『平成27年版厚生労働白書』）。

　このような日本における人口減少は、合計出生率が長年にわたって低水準にとどまってきたことの帰結であり、これには様々な社会的原因が考えられる。それらについて考察したうえで、今後の日本社会のあり方について考えたい。結論から言えば、日本において現在進行している急激な人口減少は社会のあり方のひずみがもたらしたものであり、それによって、さらに大きなひずみが今後生じてくる可能性がある。早急に効果的な対策をとる必要がある。

　なぜ、日本における合計出生率は長年にわたって低水準にとどまってきたのであろうか。その原因として、２点を指摘したい。一つは、「生涯未婚率」が増加しているという点であり、もう一つは、結婚に至ったとしても、一組の夫婦が持つ子ども数が減少しているという点である。前者は、日本の社会が結婚しづらい環境を作ってきてしまったということであり、後者は、日本の社会が子どもを育てづらい環境を作ってきてしまったということである。

　現在の日本社会は、結婚しづらい環境を生じさせている。特に男性の生涯未婚率が1990年ごろから急激に増加しており、現在は20％を超える水準にある。これは、結婚したくないと考える男性の数が増えたということではない。むしろ、様々な理由によって、結婚したくてもできない若者が増えているということである。20代・30代の未婚者を対象とした調査によれば、今まで結婚できていない理由について、多くの人が「結婚後の資金」あるいは「結婚資金」が足りないことをあげている。このように経済的な理由が結婚の障害になっていることの背景の一つには、近年増加の一途を辿り現在は30％に達している非正規労働者の賃金の低さもあるだろう。正規労働者と非正規労働者の賃金格差は大きく、この賃金の低さが、非正規労働者の結婚の障害になっている状況がみられる。

　次に、子どもを育てづらい環境という点についても、経済的な要因がまず挙げられる。内閣府の調査によれば、理想とする子供の数より現実的に持つつもりの子どもの数が少ない理由について、各世代で最も多い回答は、「子育てや教育にお金がかかりすぎるから」というものだった。また、保育所等の整備の問題、いわゆる待機児童問題もある。共働き世帯が増加の一途を辿る中で、保育所を利用できない待機児童数も増加しており、特に都市部においては深刻な状態にある。

　人口が減少することは必ずしも悪いことではないが、現在の日本の人口減少は、諸外国に比べても進行のスピードが急激である。急激な人口減少は、長期的な見通しに基づいた年金や医療制度といった社会保障のあり方についても影響を及ぼさざるを得ず、最悪の場合は社会保障制度の崩壊にまで至る可能性も否定できない。政府による早急な政策的対応が求められる。

Part Ⅲ　レポートを体験する

③ 表現　　　　　　　　　　　　　　　　　　※Part Ⅰ を参照しましょう

● 一人称

	✕		✕	

● 文末表現

感想文	レポート
敬体（です・ます） 常体（である・だ）	☐ 体 ＊名詞＋ ☐

✎ 次の文章の文末表現をレポートの文体に直してみましょう

　朝食を抜くと、２食で１日分のエネルギーを摂ろうとするため、体内に脂肪が蓄積され、余分な脂肪がついてしまうことになります。さらに、肥満が引き金になり、糖尿病になりやすく、血中のコレステロールの増加から動脈硬化、狭心症、心筋梗塞などを起こしやすくなり、他の生活習慣病にもなりやすくなります。また、朝食を食べると、体脂肪の分解が促進されたり、腸が刺激されたり、噛むことにより便秘予防にもなったりします。すなわち、肥満や生活習慣病の防止が朝食を摂る効果のひとつです。したがって、朝食は摂ったほうがいいと言えるでしょう。

第2回　レポートの特徴をつかもう

● 漢字とひらがな

漢　　字：実質語（内容語）
　　　　　…単独で実質的な意味を持つ
　　　　　　　　名詞・動詞・形容詞
ひらがな：機能語
　　　　　…単独では実質的な意味を持たず、文法的機能を果たす
　　　　　　　　助詞・助動詞・接続詞・副詞・指示詞・連体詞・感動詞
　　　　　　　　形式名詞・補助動詞

※漢字があるが、漢字を使ってはならないもの

× 従って　 × 又は　 × 但し　 × 故に　 × 即ち　 × ～迄　 × ～等
× ～する事　　 × ～の様に　（形式名詞）
× ～と言う＋名詞　　 × ～（すること）が出来る（可能）
× ～て行く・～て来る・～て見る（補助動詞）
× 居る　　 × 有る　　 × 無い　　 など

● 記号

・?，!，" "　などは使わない

・「　」と『　』の使い分けは？

「　」	
『　』	

65

Part III　レポートを体験する

● **話しことばは用いず、書き言葉で書きましょう**

× 話しことば	○ 書きことば	× 話しことば	○ 書きことば
すごく・とても		…くらい	
いろんな		…みたい	
やっぱり		…けど	
ちゃんと		…から (理由)	
ちょっと		…したら	
だいたい		…して	
もっと		…しないで	
たぶん		…していて	
一番		なんで・どうして	
いっぱい・たくさん		どんな／こんな	
だいぶん		どっち／こっち	
でも・けれど・けど		…じゃない	
だって		…ってゆう	
だから・なので		…ないといけない …なくてはいけない	
それから		…てる	

● **読点（、）**

読点はどういうところに打つのでしょうか？

● 段落分け

・意味の固まりごとに段落に分ける
・段落が変わると改行し、**段落の初めは１マス空ける**
　　※最初の段落も１マス空けて書く

次の文章において、必要なところに読点（、）を打ち、段落が変わるところにスラッシュ（／）を入れましょう。

　レポートを書く目的には３つある。まず最大の目的は「授業の内容をきちんと理解している」ということを授業担当の先生に伝えることである。レポートも試験のように評価がなされるが「答え」だけが求められる試験とは違い「答え」に至った過程も重視されその中で授業内容がきちんと理解できているかどうかが評価される。したがって授業内容をきちんと理解できていることが読む相手に伝わるように「答え」に至るまでの過程をしっかりレポートすることが大切である。またレポートには自分の能力を高めるという目的もある。レポートを書くことにより「調査・実験の知識や技術」「課題の目的をきちんと把握して正しい調査・実験を遂行する力」「結果を的確に分析して自分の意見を述べる力」が身に付くとともに課題に対する理解も深まる。さらにはレポートにふさわしい文体や表現で文章が書ける能力を身につけることもできる。そしてレポートを書くのは３年後に控えた「卒業論文」に対する準備でもある。

第3回

レポートを書いてみよう①

✎ これまで学んできたことを踏まえてレポートを書いてみましょう

テーマ：

私の強み

＊就職活動のエントリーシートでもよく書かされるテーマです

✎ このテーマで書く場合、どういう点が大事でしょうか？

第3回 レポートを書いてみよう①

WS Ⅲ-1-①

● **主張**

✍ 自分の強み（能力・性格・スキル）だと思うものは？
思いつくだけ書いてみましょう

✍ その中で一つ選びましょう

● **根拠**

✍ この強みの証明
どういう場面でどのように発揮 してきたか／しているか

✍ この強みを得た理由・いきさつ

69

Part III　レポートを体験する

WS III-1-②

● 構成

下書きしてみましょう（文章の形で書いてみましょう）

■序論

主張（自分の強みを1つ）

■本論

根拠
（その強みはどのようにして得られ、これまでどのような場面でどのように発揮
してきたか）

■結論

まとめと今後の展望
（その強みを今後どうしていこうと思うか）

第3回　レポートを書いてみよう①

レポートの形で清書してみましょう

（例）

　　どんな人も嫌わず、接することができるところが私の強みだ。誰にも良いところがあると信じ、それを見つけると、その人を尊敬するので、その人を嫌いにはならないのである。

　　私は小さい頃から運動神経が鈍くて、中学１年生のときにはそれが発端でバスケット部で先輩や同級生のいじめのターゲットになり、部活動を辞めることになった。それ以降、体育にまったく自信を失い、体育が大嫌いになった。

　　中学２年生になり、大学を出たての若い女性の先生が産休の先生の代わりに体育の先生に赴任した。私は、100メートル走でも200メートル走でもグループでもっとも遅く、恥ずかしくて逃げ出したい気持ちでいっぱいだった。そんな私に、「●●、お前の持久力すごいな。走行距離が増えてもインターバルのタイムまったく落ちてへんで」とその先生が笑顔でほめてくれたのには驚きだった。その後、1000メートル走を走るようになると、いつのまにかクラスの女子で一番になり、運動に対するコンプレックスはまったくなくなり、体育は嫌いどころかむしろ好きになっていた。

　　同じころ、同じクラスにクラスメイトのほとんどから無視されていた女子生徒がいた。その人は、いつもひとりで本を読んでいた。その人と付き合ううちに私も本を読むようになり、読書が大好きになった。さらには、彼女の家で、働く母親の代りに彼女が毎日夕食を作っていることを知り、彼女の料理の手さばきのうまさに驚いた。

　　このように、誰にも良いところが必ずあると信じ、人を嫌わず、誰とでも接することができることは私の強みである。

　　これからも、食わず嫌いをせず、さまざまな人と接し、人から多くのことを学び、自分自身成長していきたい。

第4回

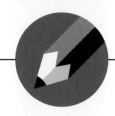

レポートをチェックし合おう
―ピア・レスポンス―

✎ あなたが他の人とお互いのレポートをチェックし合うこと(ピア・レスポンス)の意味について考えてみましょう

【チェック前】(予測)

自分がチェックしてもらうメリット	他の人のレポートをチェックするメリット

【チェック後】(実際)

自分がチェックしてもらうメリット	他の人のレポートをチェックするメリット

✏️ 2人以上の人にチェックしてもらいましょう

■ チェック項目 ■

【表現】

1) 1人称は「私」となっている
2) 文体が「常体」（〜である）になっている
   敬体（〜です・ます）が混じっていない
3) 話し言葉が使われていない（書きことばで書けている）
4) 略字・略語，！，？が使われていない
5) （例外を除いて）算用数字（1，2，3，…）が使われている
6) 倒置法や体言止めが使われていない
7) 漢字はあるが、ひらがなで書くべき語（〜こと，〜できる，したがって など）
   がひらがなで書けている
8) 「〜のである」「〜と思う」が多用されていない
9) 遠まわしな表現がない
10) 同じ接続詞や接続助詞が続いていない
11) 1文が長すぎない
12) 主述のつながりかたがおかしくない
13) 文と文のつながりかたがおかしくない
14) 意味がよくわからない箇所がない
15) 誤字脱字、言葉・文法のおかしなところがない
16) 読点（、）が打つべきところに打てている

【3部構成（内容）】

17) 序論・本論・結論に分かれている
18) 段落分けができ、段落の初めは1マス空けてある
19) 序論に、主張（私の強み）が1つだけ明確に書けている
20) 本論に、その強みの生まれたいきさつがわかりやすく書けている
21) その強みがどんな場面でどのように発揮されている（きた）かがわかりや
    すく書けている
22) 結論に、強みとその強みを今後どうしていこうと思っているかがわかりや
    すく書けている
23) 全体の話に一貫性がある（序論と結論が対応している）

【原稿用紙の場合】

24) 句読点、閉じかっこ（」，』）が文頭に来ていない
25) かっこが正しい位置に書けている
26) 数字、アルファベットの小文字が左詰めに2字ずつ書けている

Part Ⅲ　レポートを体験する

WS Ⅲ-2

✐ ピア・レスポンスシート

さんからのコメント	
良いところ	改善が必要だと思うところ

さんからのコメント	
良いところ	改善が必要だと思うところ

さんからのコメント	
良いところ	改善が必要だと思うところ

✏️ チェックし合った後の自分の感想

他の人に自分のレポートをチェックしてもらった後の振り返り	
自分のレポートの良いところ	自分のレポートで改善が必要なところ

他の人のレポートをチェックしてみて、学んだこと・気づいたこと

第5回

レポートを書いてみよう②

✎ 今回は、意見レポートを書いてみましょう

```
テーマ


```

▽ 今回はテーマの概要は、先生からあらかじめ情報が与えられています

```
テーマの概要


```

▽ 今回は、何も調べずに、自分の頭の中だけで考えて書いてみます

WS Ⅲ-4-①

● 主張

✍ テーマについてどう考えますか？

● 根拠

✍ そう考える理由は？

Part Ⅲ レポートを体験する

3部構成で書いてみましょう

WS Ⅲ-4-②

■序論

主張(テーマについて自分はどう考えるか)

■本論

根拠
(そう考える理由)

■結論

まとめと今後の展望

レポートの形で清書してみましょう

第6回

資料を読む必要性について考えよう

✎ 前回『意見レポート』を書いてみてどうでしたか？
　　何か困ったことはありましたか？
　　どんなことが困りましたか？

✎ レポートを書くにあたって、テーマに関しての先生からの情報以外にどんなことが知りたかったですか？

第6回　資料を読む必要性について考えよう

● **レポートを書くための情報が得られる資料**　　※PartⅡを参照しましょう

> ・授業中に配布された資料
>
> ・ [　　　　　] （レファレンスブック）
> 　　辞書・百科事典・各種事典・年鑑・統計資料・白書・用語集など
>
> ・一般図書
> 　　[　　　] 書・ [　　　] 書・概説書、専門書
>
> ・ [　　　] の記事
>
> ・ [　　　　]
>
> ・オンラインデータベース
>
> ・ [　　　　　　] 情報
> 　　検索エンジン
> 　　学術情報サイトなど各種サイト
>
> ※著者が確かで内容が信頼のおける情報を使いましょう

✍ 自分の大学で得られる情報（資料）を確認しておきましょう

81

● レポート作成の流れ

第6回　資料を読む必要性について考えよう

● レポート作成に必要な情報

① テーマの 　　　　　（定義・現状・実態）

② テーマに関する 　　　　　（トピック）・通説
　　　　　問い（問題提起）
　　　　　答え（主張）
　　　　　根拠

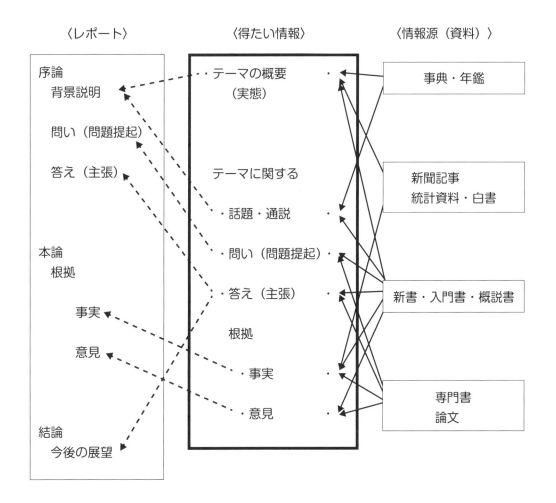

○ 情報を得て、レポートを書くにはどういう力が必要でしょうか？

　　資料の内容を 　　　　　する力（ 　　　　　力・ 　　　　　力）

第7回

資料を読む力（読解力）をつけよう
①キーワードを見つける
②論理関係をつかむ

✎ なぜレポートを書くのに読解力が必要なのでしょうか？

●読解するために必要とされる能力

① [　　　　　　] を見つける

② [　　　　　　] をつかむ

第7回　資料を読む力（読解力）をつけよう

1 キーワードを見つける

● キーワードとは？

文章の内容を把握するための手がかり（鍵・キー）となる言葉で、「何について書かれているか」の「何」の部分。

● キーワードの見つけかた

・ □□□□□□□□□□ 言葉がキーワードである可能性が高い

・文章に □□□□ 名が付いている場合は、その □□□□ 名

（実践例）次の文章のキーワードを見つけましょう

活発な活動を続けていると、疲労を感じた脳は活動に対してブレーキをかけようとします。疲労感は、痛みや発熱と並ぶ、心身の危険を察知して避けるための「生体アラーム」なのです。

ところが、疲労が溜まっているのに疲労感がなく、疲労の蓄積が心身に大きなダメージを与えることがあります。これを「疲労感なき疲労」、または「隠れ疲労」と呼びます。この行き着く先こそが、「過労死」です。

（梶本修身著『すべての疲労は脳が原因2＜超実践編＞』より）

Part Ⅲ　レポートを体験する

WS Ⅲ-5

✐ 次の１）〜４）の文章のキーワードを見つけましょう

１）インタビューとは

　インタビューには、フォーマル・インタビューとインフォーマル・インタビューという区別も存在する。フォーマル・インタビューとは、インタビュー実施の日時を設定したうえで、インタビューの際には機材を使用し、「語り」を録音するなど、まとまった面接時間をとる手法である。インフォーマル・インタビューは、フィールドワーク・参与観察中の何気ない会話を指すが、これらは録音しない場合が多い。フォーマル・インタビューの場合、調査対象者の多くは調査者とは初対面の場合が多いだろう。もちろん、参与観察をしばらく続けながら、インフォーマル・インタビューを重ねていき、関係が深まったところであらためてフォーマル・インタビューを行うこともあるだろう。

（北川由紀彦・山北輝裕著『新訂社会調査の基礎』より）

２）

　以前、脳の機能はコンピューターになぞらえて考えられていた。脳は入力と出力をもつ装置であって、感覚情報をさまざまな処理段階に送り込み、最終的に終点まで伝えるというわけだ。

　しかし、この流れ作業モデルに疑いの目が向けられるようになった。というのも、脳の配線は単純にAからB、そしてCへとつながっているのではなく、CからB、CからA、そしてBからAというフィードバックのループがあることがわかったのだ。脳のあちこちで、正方向に送るフィードフォワードと同じくらいフィードバックも起こる―専門用語で再帰、俗にループしているといわれる、脳の配線の特徴だ。システム全体は流れ作業というより市場に似ている。注意深い観察者が神経回路のこの特徴をひと目見れば、視知覚は目から始まって脳の後部のどこかわからない終点で終わる一連のデータ処理ではない可能性に気づく。

（デイヴィッド・イーグルマン著『あなたの知らない脳――意識は傍観者である』より）

３）

　最後の氷期が終わった一万年前以降には、地球環境は温暖で安定的な気候へ変化していった。地質時代では「完新世」と呼ばれる時期だが、こうした温暖化によってはじめて農耕が可能になった。すなわち、人類が惑星地球上で影響を持つ時代の始まりである。

　それまでの氷期のように寒冷で、かつ気温の変動の大きな気候の下では農業は成り立たない。毎年同じ時期に同じような気温が繰り返されることが、農業には不可欠だからである。

　つまり、一万年前以前は、寒暖の差など気候変動が激しく、農作物の種を蒔いても実がならなかったのだ。ところが、約一万年前以降に暖かくなり、かつ気候が安定したために農耕ができるようになった。

（鎌田浩毅著『地球の歴史（下）』より）

４）**集団主義という錯覚**

　数値だけみれば、「『いじめ』は日本よりアメリカの方が多い」という結果が得られた。この調査結果が、「『いじめ』は日本特有の現象だ」とか、「アメリカには『いじめ』はない」とかいった意見と矛盾していることは明白だろう。「個人主義の国」といわれてきたアメリカでも、少なくとも日本と同じくらいの頻度で「いじめ」がおきており、「個人主義の国」といわれてきたイギリスでも「いじめ」が深刻な社会問題になっているとすれば、「いじめ」の原因を「日本文化の集団主義」と解釈するのは妥当性がないと言わざるをえない。

（内藤朝雄著『いじめの構造──なぜ人が怪物になるのか』より）

Part Ⅲ　レポートを体験する

2　論理的な関係をつかむ

● 論理的な関係のつかみかた

・ ☐☐☐☐ 語に注目する

☐☐☐☐ 語は、文と文の**論理的な関係を示す**重要な指標

✎ 文と文の論理的関係、および、接続語が理解できているかどうか、
チェックしてみましょう　　　　　　　　　　　　　　**WS** Ⅲ-6

次の１）〜12）の（　　）の中に入る最も適当な接続語を、それぞれの下の
１〜６の中から１つ選び、○で囲みなさい。

１）琵琶湖付近で濃霧が発生した。（　　）、JRのダイヤが大幅に乱れている。
　　１ そのため　２ ところが　３ ただし　４ つまり　５ なぜなら　６ たとえば

２）日曜日は閉店します。（　　）、祝日が日曜日と重なる場合は開店します。
　　１ そのため　２ ところが　３ ただし　４ つまり　５ なぜなら　６ たとえば

３）最近訪日外国人観光客が増加して、国内のホテルは日本人が予約を取れない
ところが多い。（　　）、ここ数年日本人の海外旅行者数は年々減少している。
　　１ すなわち　２ なぜなら　３ その結果　４ ただし　５ たとえば　６ 一方

４）その症状は、網膜、（　　）、目の奥の光を感じる部分に現れる。
　　１ すなわち　２ なぜなら　３ その結果　４ ただし　５ たとえば　６ ところが

５）彼女は、彼と同じ経験をしたことがあった。（　　）、彼を説得することがで
きたのである。
　　１ つまり　２ だから　３ なぜなら　４ ただし　５ たとえば　６ だが

６）「人をねたんではいけない」とよく言われる。（　　）、なかなか難しいことだ。
　　１ つまり　２ だから　３ なぜなら　４ ただし　５ たとえば　６ しかし

7）外交とは、相手方を信頼しつつ利用することである。（　　）、信頼関係を作る一方で、相手方を出し抜く手を考えねばならないということである。

    1　ただし　　2　だから　　3　なぜなら　　4　要するに　　5　たとえば　　6　だが

8）近年、日本は空き家の数が増加している。（　　）、世帯数に対して住宅数が多いからである。

    1　つまり　　2　なぜなら　　3　それゆえ　　4　ただし　　5　たとえば　　6　だが

9）人間の体が必要とする栄養素はいくつかある。（　　）、タンパク質、脂質、ビタミンなどである。

    1　つまり　　2　なぜなら　　3　それゆえ　　4　ただし　　5　たとえば　　6　だが

10）タヌキとアナグマは混同されがちだが、タヌキはイヌ科である。（　　）、アナグマはイタチ科である。

    1　つまり　　2　なぜなら　　3　だから　　4　ただし　　5　たとえば　　6　それに対して

11）当店は送料無料です。（　　）、一部の地域は500円かかります。

    1　つまり　　2　なぜなら　　3　だから　　4　ただし　　5　たとえば　　6　それに対して

12）2015年に北陸新幹線が開通した。（　　）、石川県や富山県への旅行者数が増加している。

    1　要するに　　2　その結果　　3　なぜなら　　4　ただし　　5　たとえば　　6　一方

できなかった接続語を書き出しましょう

第8回

資料を読む力（読解力）をつけよう
③論理関係を構造化する

- 文章は、**論理的な関係を視覚的に表す**と理解しやすくなる
- ☐☐☐☐的な関係を☐☐☐☐的に表すことを「**構造化**」という
- 論理的な関係をつかむには、☐☐☐☐語が大きなヒントとなる

- 論理的な関係とは大きくわけて、4種類ある※

文X（接続語）文Y　の場合

	論理的な関係	接続語	構造化
1	対比・対立	それに対して、一方 / ところが、しかし、だが	X＿Y　　X↕Y
2	因果関係	だから、したがって、それゆえ、そのため、その結果、そうすると、 / なぜなら、その理由は	X（原因）→ Y（結果） / X（結果）← Y（原因）
3	説明	つまり、すなわち、要するに / たとえば	X ≒ Y（X'） / X　ex.Y（x1、x2、x3…）
4	注釈（例外）	ただし	X　※Y

※1〜3の分類については、福嶋隆史『「本当の国語力」が驚くほど伸びる本』（大和出版）を参考にしています

第8回　資料を読む力（読解力）をつけよう

（実践例）次の文章を構造化してみましょう

　活発な活動を続けていると、疲労を感じた脳は活動に対してブレーキをかけようとします。疲労感は、痛みや発熱と並ぶ、心身の危険を察知して避けるための「生体アラーム」なのです。
　ところが、疲労が溜まっているのに疲労感がなく、疲労の蓄積が心身に大きなダメージを与えることがあります。これを「疲労感なき疲労」、または「隠れ疲労」と呼びます。この行き着く先こそが、「過労死」です。
　　　　　　　　　　　　（梶本修身著『すべての疲労は脳が原因２〈超実践編〉』より）

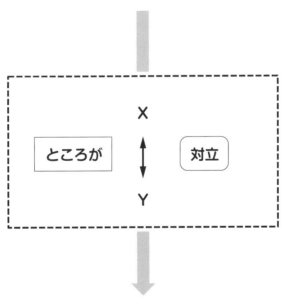

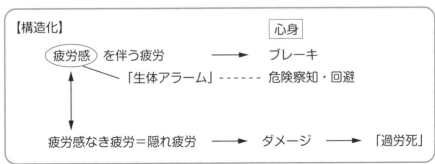

WS Ⅲ-7

次の1）〜4）の文章を構造化してみましょう

1）インタビューとは

　インタビューには、フォーマル・インタビューとインフォーマル・インタビューという区別も存在する。フォーマル・インタビューとは、インタビュー実施の日時を設定したうえで、インタビューの際には機材を使用し、「語り」を録音するなど、まとまった面接時間をとる手法である。インフォーマル・インタビューは、フィールドワーク・参与観察中の何気ない会話を指すが、これらは録音しない場合が多い。フォーマル・インタビューの場合、調査対象者の多くは調査者とは初対面の場合が多いだろう。もちろん、参与観察をしばらく続けながら、インフォーマル・インタビューを重ねていき、関係が深まったところであらためてフォーマル・インタビューを行うこともあるだろう。

（北川由紀彦・山北輝裕著『新訂社会調査の基礎』より）

【構造化】

２）

　以前、脳の機能はコンピューターになぞらえて考えられていた。脳は入力と出力をもつ装置であって、感覚情報をさまざまな処理段階に送り込み、最終的に終点まで伝えるというわけだ。

　しかし、この流れ作業モデルに疑いの目が向けられるようになった。というのも、脳の配線は単純にＡからＢ、そしてＣへとつながっているのではなく、ＣからＢ、ＣからＡ、そしてＢからＡというフィードバックのループがあることがわかったのだ。脳のあちこちで、正方向に送るフィードフォワードと同じくらいフィードバックも起こる―専門用語で再帰、俗にループしているといわれる、脳の配線の特徴だ。システム全体は流れ作業というより市場に似ている。注意深い観察者が神経回路のこの特徴をひと目見れば、視知覚は目から始まって脳の後部のどこかわからない終点で終わる一連のデータ処理ではない可能性に気づく。

　（デイヴィッド・イーグルマン著『あなたの知らない脳――意識は傍観者である』より）

【構造化】

3)

　最後の氷期が終わった一万年前以降には、地球環境は温暖で安定的な気候へ変化していった。地質時代では「完新世」と呼ばれる時期だが、こうした温暖化によってはじめて農耕が可能になった。すなわち、人類が惑星地球上で影響を持つ時代の始まりである。

　それまでの氷期のように寒冷で、かつ気温の変動の大きな気候の下では農業は成り立たない。毎年同じ時期に同じような気温が繰り返されることが、農業には不可欠だからである。

　つまり、一万年前以前は、寒暖の差など気候変動が激しく、農作物の種を蒔いても実がならなかったのだ。ところが、約一万年前以降に暖かくなり、かつ気候が安定したために農耕ができるようになった。

（鎌田浩毅著『地球の歴史（下)』より）

【構造化】

４）集団主義という錯覚

　数値だけみれば、「『いじめ』は日本よりアメリカの方が多い」という結果が得られた。この調査結果が、「『いじめ』は日本特有の現象だ」とか、「アメリカには『いじめ』はない」とかいった意見と矛盾していることは明白だろう。「個人主義の国」といわれてきたアメリカでも、少なくとも日本と同じくらいの頻度で「いじめ」がおきており、「個人主義の国」といわれてきたイギリスでも「いじめ」が深刻な社会問題になっているとすれば、「いじめ」の原因を「日本文化の集団主義」と解釈するのは妥当性がないと言わざるをえない。

（内藤朝雄著『いじめの構造――なぜ人が怪物になるのか』より）

【構造化】

第9回

資料をまとめる力（要約力）をつけよう

✎ なぜレポートを書くのに要約力が必要なのでしょうか？

● 要約するために必要とされる能力

① ［　　　　　　］ を見つける

② ［　　　　　　］ 同士をつなげる

第9回　資料をまとめる力（要約力）をつけよう

1 キーセンテンスを見つける

● キーセンテンスの見つけかた

文章にはキーセンテンス（中心文）と付加的な部分（支持文）がある

・複数の [   ] が入っている文

・文末が以下のような文

　　①筆者の [   ] を表す表現

　　　　～べきだ，～だと考える，～のである　など

　　② [   ] 文（疑問形）

　　※「 [   ] 」のあとは具体例なので付加的な部分となり、要約

　　には入れない

・文章全体のキーセンテンスは繰り返されることが多い

・文章全体のキーセンテンスは、最初か最後の段落にあることが多い

2 キーセンテンスをつなげる

・よく似た内容の文は一つにまとめる

・文章全体のキーセンテンスが最後にくるようにつなげていく

Part Ⅲ　レポートを体験する

（実践例）次の文章のキーセンテンスを見つけ、要約してみましょう

　わたしたちは他人の意見や考えを批判する。それと同じように、自分の考えや意見を自分で批判してみることもたいせつだ。

　自分の考えを他人の考えのようにみなして批判することによって、さらによい考え、より広い有効性を持った考えに発展させることができるからだ。

　ようやくまとめた考えをあらためて批判してみることは楽しいことではないし、簡単なことでもない。面倒だし、ある程度だけ自尊心がおびやかされる。

　それでもなお、自分の考えを厳しく批判してみるべきだ。決して非難するのではなく、批判するのだ。

　本当に現実的に有効なものか、事実を一方的に解釈してうえでの考えになっていないか、損得と利害の面からのみの考えになってはいないか、何かの主義にかたよっていないか、あるいは寄りかかってはいないか、黒白つけるだけの単純な二分法に堕していないか、などいろいろと批判してみるのだ。そうすることによって、最初の考えは徐々に修正され、ベターになっていくものだ。

（白取春彦著『頭がよくなる思考術』より）

【要約文】

自分の考えを自分で厳しく批判するべきである。
（自分の考えを他人の考えのようにみなして批判することがたいせつだ。）

第9回　資料をまとめる力（要約力）をつけよう

WS Ⅲ-8

✎ 次の１）〜４）の文章を読んで、① キーワードを○で囲み、② キーセンテンスには傍線、最も重要だと思うキーセンテンスには二重線を引いてから、③ キーセンテンスをつなげて要約文を作りましょう

１）

　人生において、安全確実なものと、挑戦的なもののバランスをとるということは、とても大切です。

　このバランスがとれた状態を具体的には、脳科学の専門用語では「偶有性」といいます。「偶有性」とは、半分は安全で予想できること、半分は予想できないこと、この両方が混ざっている状態のことです。

　実はこの偶有性の中にこそ、大変な叡智が詰め込まれているのです。

　たとえば、恋人と話している時、気の合う仲間同士との食事をしている時、夢中になって、気がついたら何時間と経っている。こういう経験は誰もが持っていると思います。なぜそんなことが起きるのか。それは会話が偶有性に満ちているものだからなのです。

　会話には文法もあるし、リズムや雰囲気もあるため、ある程度、先の展開を予測できる部分があります。相手が次に何を言うかをまったく予測できない状態では、会話が円滑に進みません。しかしその一方で、話の内容や展開がすべて予測できる状態では退屈してしまう。時々、予想外の発言があってこそ楽しめます。

　そして脳は、この予想できることと意外性のあることが混ざっている状態こそ、楽しいものとして感じとります。

（茂木健一郎著『脳を生かす勉強法』より）

【要約文】

99

２）

　現代のいじめの特徴としてまず注目されたのは、ある特定の生徒だけがいじめの被害に遭うわけではないということ、すなわち、被害者の不特定性だった。生徒たちの日常世界をよく観察していくと、一般的にみて攻撃されやすい属性をもった生徒だけがいじめられるわけではないことが明らかになってきた。引っ込み思案がいじめられる一方で、出しゃばりもいじめられる。大人から見れば優等生のような生徒もいじめの対象となりうることが見えてきた。

　さらには、いじめの加害と被害の関係が固定化されたものではなく、時と場合に応じて両者が容易に入れ替わる流動的なものだということも徐々にわかってきた。いじめの加害者には、かつてはいじめの被害者だった生徒も意外と多いし、逆に、かつてはいじめる側にいた生徒がいじめられる側に転じてしまったというケースもよく見受けられる。そして、両者の立場が容易に逆転しやすいというだけでなく、その境界線自体もじつに曖昧で、状況に応じて微妙に揺れ動くことが指摘されるようになった。

（内藤朝雄著『いじめの構造──なぜ人が怪物になるのか』より）

【要約文】

３）

　……一般的にいって、政府規制には二つのカテゴリーがあります。一つは経済
的規制といわれるものであって、各種の産業に対する規制です。もう一つは、社
会的規制といわれるものです。たとえば、一つの企業が特定の市場を支配し価格
を自ら決定してしまうような状況を排除したり、企業が商品の価格や内容を協定
するカルテル行為を規制し、市場の公正な取引を実現することです。また、同一
労働・同一賃金の原則のもとに労働条件に公正な基準を設定し、その実現に向け
て監督することです。商品やサービスの安全性に基準を設けそれを実現すること、
大気や水質の汚染を監視し自然環境の保全をはかること、土地利用に一定のルー
ルを設けることなども、重要な社会的規制です。

　ところが、日本の政府規制では、この二つがきちんと腑分けされないばかりか、
経済的規制のなかに社会的規制が取り込まれてきました。業への規制緩和ととも
に社会的規制をも葬ってしまうのではなく、社会的規制こそが政府規制の中心に
おかれるべきでしょう。

（新藤宗幸著『新版 行政ってなんだろう』より）

【要約文】

Part Ⅲ　レポートを体験する

4）

　ヨーロッパにおける市民意識の萌芽をどこまで遡って捉えるかという点ではいくつかの考え方がある。しかし重要なことは中世に成立した都市で生まれた市民意識の原型が基礎となっており、それが18、9世紀に近代的な市民意識へと転換していった点であろうと思う。そこで中世都市における市民意識の萌芽について観察することからはじめなければならない。

　中世都市の市民は、聖職者、貴族、農民等の諸身分よりもおくれて、12、3世紀に生まれた。この頃ドイツの各地で都市が成立した。そのきっかけはいわゆる「商業ルネサンス」とよばれる通商の活発化にあり、主要通商路沿いに遠隔地商人の隊商が集まる市場が開催され、それがやがて商人定住地となっていった。これらの商人は市場開催権をめぐって土地の領主と争い、抵抗や妥協ののちに独自の生活空間を獲得したのである。それが中世都市の出発点であり、そのなかでは商人がまず指導権を握って都市法を確立していった。この都市法は皇帝や領域君主の承認をえて、ここに新しく市民という身分が生まれることになった。

　市民意識とはこのような中世都市の空間のなかで育まれていった生活意識の表現にほかならないのである。外的防衛のために市壁がつくられたことが何よりも決定的なことであった。高い市壁に囲まれた狭い空間の中で暮らす市民は内の人間であり、外の人間とははっきり区別された意識をもたざるをえなかった。また外の世界があることによって仲間としての意識を培った人々は当然、外を否定的媒介として外に対して内の秩序を形成することができたのである。

（阿部謹也著『中世の星の下で』より）

【要約文】

第9回　資料をまとめる力（要約力）をつけよう

第10回

資料からテーマに関する情報を得よう

● **資料から得る情報＝レポート作成に必要な情報**

※第6回を参照しましょう

① テーマの ☐ （定義・現状・実態）

② テーマに関する ☐ （トピック）・通説

☐ （問題提起）

☐ （主張）

☐

● **事実と意見**

・文章は ☐ と ☐ に分かれる

・他人の文章を読むときには、☐ と ☐ を区別して読むことが必要である

第10回　資料からテーマに関する情報を得よう

> **事実**
>
> ・証拠を挙げて裏付けができるもので、正しい（本当）か、誤り（ウソ）か
>
> ・事実には２種類ある
> 　　① 普遍的真理・一般的事実
> 　　　常識・共通理解となっている事実
> 　　　　例）地球は太陽の周りを回っている（自然現象）
> 　　　　　　阪神淡路大震災が1995年１月17日に起こった（歴史的事実）
> 　　② 筆者が調査・研究によって明らかにした事実（実際の経験も含む）
>
> ・文末　言い切り形（断定形）
>
> **意見**
>
> ・ある事に対する自分の考えで、他の人が同意（納得）できるか、できないか
>
> ・文末　　〜と考える・〜と推測される・〜すべきだ・〜したい　など
> 　※断定形（「〜と考える」が省略されている）の場合もあるので注意が必要

1 テーマの概要（定義・現状・実態）についての情報を得る

【目的】
（１）テーマの概要を知る

（２）　[　　　]　論の最初（「　[　　　　]　説明」）の部分に書く内容を準備する

・テーマの　[　　　　]　（定義・現状・実態）を知るには、　[　　　　]　・

年鑑、統計資料・　[　　　　]　、　[　　　　]　記事と　[　　　　]　・入門

書・概説書などを読む

・テーマの概要は、「　[　　　　]　」が述べられている部分を中心に読む

Part Ⅲ　レポートを体験する

✏️ 自分のテーマの概要をまとめ、「序論」の「背景説明」の部分を仕上げておきましょう

WS Ⅲ-9

テーマ

概要

（例）テーマ：人口減少社会

　現在、世界人口は増加の一途を辿っているが、日本に限ってみれば、2008年をピークに人口は減少を続けている。2008年に１億2808万人だった人口は2014年には１億2708万人となっている。合計特殊出生率は1990年以降、現在も1.5を割り込む低い水準が続いており、この推移に鑑みて今後も日本の人口は減少が続き、2050年には人口は１億人を割り込むと考えられている

第10回　資料からテーマに関する情報を得よう

2 テーマに関する話題・通説についての情報を得る

【目的】

（1）テーマに関して**話題**になっていることを知る

（2）自分のレポートで取り上げる 　　　　　　（トピック）を決める

（3）自分のレポートの 　　　　　　（問題提起）・ 　　　　　　（主張）・

　　　 　　　　　　を決める

・テーマに関する 　　　　　　・通説を知るには、 　　　　　　・入門書・
概説書や専門書・論文などを読む

・テーマに関する話題は、「 　　　　　　」が述べられている部分を中心に読む

・「根拠」については、アウトラインを決めてから改めて「根拠」として適当な
資料を準備することになるので、話題を決め、問いと仮の答えを決め、アウト
ラインを決める過程で、資料はさらに増えていく可能性が大きい

3 自分のレポートで取り上げる 　　　　　　（トピック）を決める

❶資料を「 　　　　　　」の部分と「 　　　　　　」の部分に分け、

「 　　　　　　」の部分に注目し、話題となっていることをつかみましょう

・筆者の「意見」の部分の中で、特に筆者が強く主張している部分（キーセンテ
ンス）に注目しましょう

❷ 　　　　　　を見つける（できるだけ**拡散**させる）

・気になる言葉は、一度しか出てこなくてもキーワードとして書き出しましょう

・複数の資料を準備し、キーワードを拡散させましょう
（論文や専門書は全部読まなくても、論文の場合は、「題目」や「要旨」、専門
書の場合は「目次」を見るだけでも話題（トピック）がわかることが多い）

107

Part III　レポートを体験する

（例）███ キーワード，＿＿ 意見，＿＿ キーセンテンス

増え続けてきた日本の人口が減り始めるという。いよいよ「人口減少社会」になる。
　日本の人口は05年にピークを迎え、06年から減少に転じるとみられていた。しかし、少子化がいっそう進む一方、インフルエンザの流行などで死亡数が出生数を１万人上回ることになり、05年中に自然減になる見通しだ。
　ついに来たかという衝撃がないわけではない。だが、慌てることもない。というのも、多くの県ではすでに人口が減り始めている。労働力人口も一足先に減ってきた。それで目立った不都合がおきているわけではないからだ。
　人口減は緩やかに進んでいく。いまの約１億2800万の人口は2050年には１億に、2100年には6400万に半減する。その影響はボディーブローのように効いてくる。労働力が減り、経済が縮んでいく。
　先の先を見越して、経済の変革を着実に進めなければならない。
　労働力を広げるため、高齢者や女性がもっと働きやすいようにする。高齢者向けの商品開発など新しい市場を開拓する。経済の効率を高め、１人あたりの生産性を上げる。
　年金や医療、介護など、現役世代が高齢世代を支援する社会保障の仕組みも、さらに改革する必要がある。少子化と高齢化が同時に進んで人口が減れば、制度は立ち行かなくなる。
　少子化対策にいよいよ本腰を入れて取り組まなければならない。減少カーブを少しでもなだらかにして、人口減がもたらすさまざまな衝撃を緩和させたい。
　1.29まで落ち込んだ出生率は回復できない、とあきらめるのは早すぎる。フランスの1.90は遠いが、スウェーデンや英国の1.71くらいまで盛り返せないものか。
　政府の少子化対策は、すでにメニューは出そろっている。必要なのはもっとコストをかけることではないか。
　社会保障費のうち、年金や介護など高齢者向けが70％を占めるのに、児童手当や保育所など子ども向けは４％にすぎない。これでは少子化は止まらない。
　若い世代が結婚して子供を産み育てたいと思える環境をつくるには、企業も積極的な役割が求められる。パートや派遣ばかりに走らず、正社員を増やし、安定した人生設計が立ちやすいようにしてもらいたい。
　ただ、人口減少社会は悲観的なことばかりではあるまい。真の豊かさという観点から見れば、拡大一辺倒できた戦後日本の価値観を見直し、新しい生活のありようを探る好機といえるかもしれない。
　日本の人口が減っても東アジアの経済が繁栄すればどうなるのだろう。人やモノはますます国境を越えて移動する。一国だけの尺度で人口を考えてもどこまで意味があるのか疑問にも思えてくる。
　豊かに成熟していく。そんな道を考えていきたい。

出典：「人口減少　悲観ばかりではない」朝日新聞朝刊 社説 2005年12月23日

第10回 資料からテーマに関する情報を得よう

(例) テーマ：人口減少社会

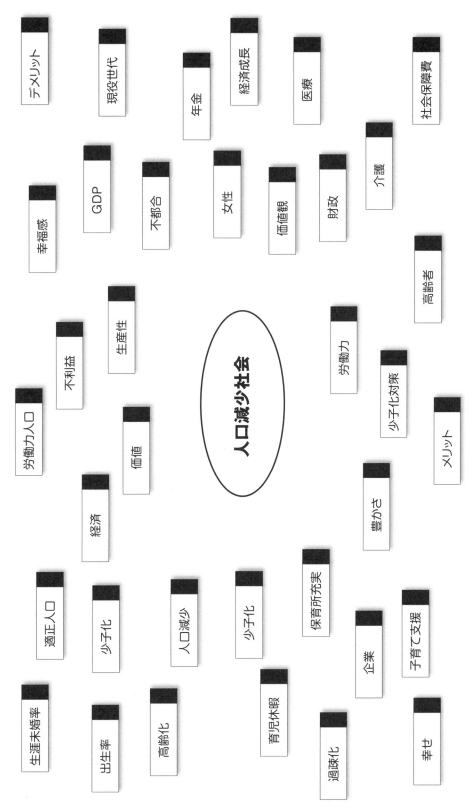

❸ _____ をグルーピング（収束）し、テーマとグループ、グループどうしを関係づけ、**ラベル（トピック名）**をつける

・複数の資料に出てきた同じキーワードはまとめ、<u>５Ｗ１Ｈ質問法</u>をヒントにテーマとの関係づけをする

5W1H	問い	ラベル（トピック名）
When	いつ・いつから	時期
Where	どこ	場所
Who	だれ	関与している人
What	なに	関与しているもの・こと
Why	なぜ	原因・理由・動機・背景
How	どのように	状況・経過・方法・影響・評価・解決策

・「**比較・対比**（他はどうか）」・「**関連性**（関係はないのか、どういう関係があるのか）」・「**信ぴょう性**（本当にそうなのか）」といった、<u>俯瞰（ふかん）的な視点</u>も関係づけに加えてみる

問い	ラベル（トピック名）
他はどうか	比較・対比
関係はないのか・どういう関係なのか	関連性（影響関係・因果関係・論理的順序）
本当にそうなのか	信ぴょう性

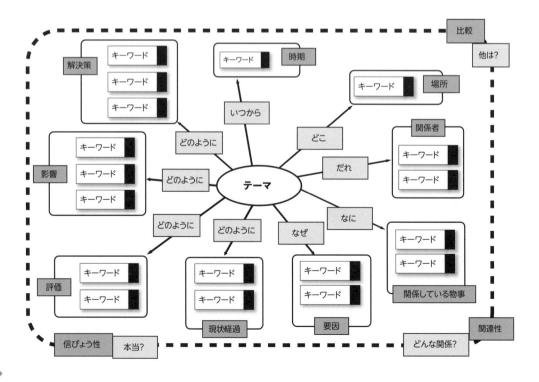

第10回 資料からテーマに関する情報を得よう

例）グルーピングとラベリング

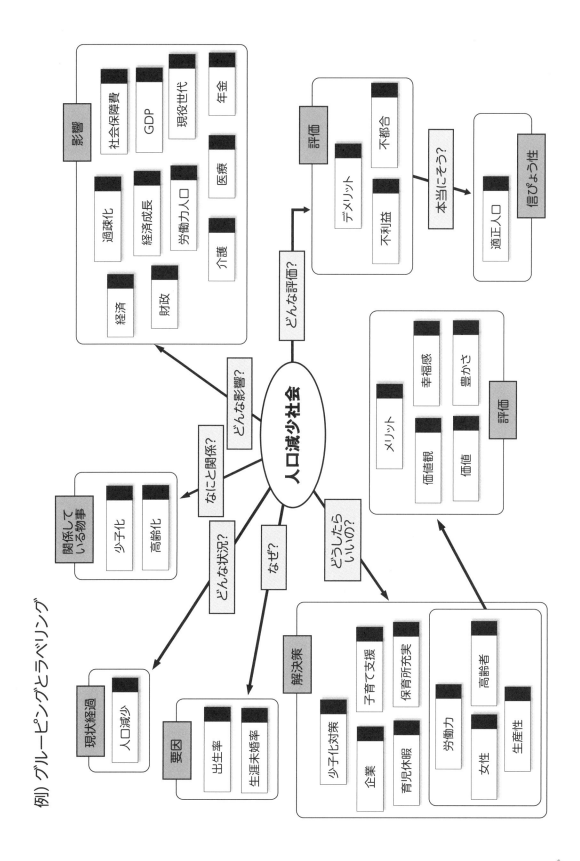

PartⅢ　レポートを体験する

WS Ⅲ-10

資料のキーワードを拡散させた後、グルーピングし、ラベルづけをしましょう

第10回　資料からテーマに関する情報を得よう

第11回

問いを立て
主張を決めよう

- まず、自分の関心のある**話題**（トピック）を選ぶ
- 「**問い**」（リサーチ・クエスチョン：研究上の問い）を立てる
- 「問い」に対する「**答え**」（主張）を予想する
- 「**目標規定文**＊」を作ってみる

＊木下是雄（1981）『理科系の作文技術』中公新書より

WS Ⅲ-11-①

✎ 自分の選んだ「トピック」（ラベル名）

✎ 「問い」を立ててみましょう

悪い問いの例：人口減少社会とは何か（→一般的な説明で終わってしまう）

✎ 「問い」に対して予想される「答え」（仮説）を考えてみましょう

第11回　問いを立て主張を決めよう

WS Ⅲ-11-②

✎ 「目標規定文」を作ってみましょう

● 目標規定文とは

① テーマについての自分の「問い（問題提起）」と「答え（主張）」を述べる文
② 「序論」の部の「背景説明」の次に書くもの
③ 「私はこのレポートで、〜（トピック）を取り上げ、〜（意見）を述べる（主張する・明らかにする・考察する　など）」という形式の文

（例）テーマ：人口減少社会

　　私は、このレポートで人口減少社会が日本の将来にとって必ずしも不利益ではなく、むしろ日本の将来の進むべき方向性を示すものとなるということを述べたい。

115

第12回

アウトラインを決め根拠をそろえよう

- **アウトライン**はレポートの設計図・**骨組み**（骨格）である
- 全体のストーリーを描き、レポートの骨組みをつくる
- 自分の「　　　　」を裏付けるための「　　　　」となる　　　　（文献）を準備し、骨組みを　　　　で肉付けしていく

（例）テーマ：人口減少社会

骨組み　　肉付け

序論
・人口減少社会の現状（データ）
・人口減少社会は不利益である（通説）
・人口減少社会は本当に不利益か（問い）
・不利益ではなく、理想的将来像（答え）

本論
・不利益でない根拠
　①人口が少なくても幸福
　②GDPでは測れない幸福感がある

文献1　少子高齢社会の現状

文献2　人口↓ → 労働人口↓ → GDP↓

文献3　江戸時代3000万人適正人口　自給自足　幸福度高い

文献4　非地位財産型幸福が豊かさを測る指標

文献5　金銭に換算できない価値がある

文献6　高齢者、障害者も社会参加し、1人1人の価値が高くなる

結論
・国民が豊かさや幸福感を感じる将来を期待

（例）参考文献一覧（テーマ：人口減少社会）

文献番号	著者名	年	書籍 論文 新聞 インターネット	書名 論文名 記事名 タイトル	出版社 雑誌名 新聞名 サイト名	巻・号 朝夕刊 URL	ページ 面 参照日
1	内閣府	2016	インターネット	平成28年版 高齢社会白書	内閣府	http://www8.cao.go.jp/kourei/whitepaper/w-2016/gaiyou/28pdf_indexg.html	2016 10/1
2	リクルート組織行動研究所	2015	インターネット	国内人口推移が、2030年の「働く」にどのような影響を及ぼすか	2030年の「働く」を考える	http://www.recruitms.co.jp/research/2030/report/trend1.html	2016 10/2
3	筧裕介	2015	書籍	人口減少×デザイン	英治出版		p.12
4	井徳正吾	2003	書籍	江戸時代をふりかえれば明日のビジネスがみえてくる	はまの出版		p.12
5	前野隆司	2013	書籍	幸福のメカニズム	講談社		p.177
6	藻谷浩介	2013	書籍	里山資本主義	角川書店		p.296 p.297 p.301 p.302

アウトライン（骨組み）を作ってみましょう

 資料で肉付けをしてみましょう

　自分の主張の根拠として資料を引用する部分に文献番号を書いた付箋を貼りましょう（引用部分の要約を書いておくといいでしょう）

テーマ：

第12回　アウトラインを決め根拠をそろえよう

WS　Ⅲ-13

○ 参考文献一覧を作っておきましょう

文献番号	著者名	年	書籍論文新聞インターネット	書名論文名記事名タイトル	出版社雑誌名新聞名サイト名	巻・号朝夕刊URL	ページ面参照日
1							
2							
3							
4							
5							
6							
7							
8							

第13回

資料を引用しよう
（根拠を示そう）

● 引用とは何か

　他の人の文章や資料（データ）を自分の文章の中に取り入れること

● 引用する目的（効果）

☆① 自分の [　　　　] に [　　　　] 力を持たせる

② 自分の [　　　　] の反論材料とし、自分の [　　　　] の価値を高める

③ 自分の [　　　　] のオリジナリティ（独創性）を示す

● 剽窃（ひょうせつ）はしないこと

　レポートとは、自分で調査・研究し、考えて書くものです。他人が明らかにした事実や他人の意見を自分のレポートに書き入れる場合は、必ずそれが他人のものであることを明らかにし、自分が明らかにした事実や自分の意見とは区別して書くのがレポートのルールです。

　このルールを守らずに自分のレポートに他人の文章・資料（データ）を取り入れたり、出典を明示しなかったりした場合は、

「[　　　　] 権」の侵害＝『剽窃』（盗用）を犯すことになりますので、正しく引用し、[　　　　] を明示しましょう

第13回　資料を引用しよう（根拠を示そう）

● 「引用」であることを示さなければならない場合

	他から得たもの	自分オリジナル
事実	普遍的真理・一般的事実 例） 地球は太陽の周りを回っている （自然現象） 阪神淡路大震災が1995年1月17日に起こった （歴史的事実） 他の人が調査・研究から得た事実	自分が調査・研究から得た事実 自分の経験
意見	他の人の意見	自分の意見

根拠となる部分

★「引用」であることを示さなければならない部分

● 引用するときの注意

・引用しすぎない（レポートが引用部分ばかりにならない）ようにしましょう

・ [   ] 上の情報は、情報源が確かかどうか確認してから

引用する（※ウィキペディアは引用はせず、参考にとどめる）

● 引用のしかた

① [   ] 引用
　引用元の文章を<u>そのまますべて</u>紹介したい場合

② [   ] 引用
　引用元の文章を<u>要約して</u>紹介したい場合

引用のしかたは、専門分野によって異なることがありますので確認しましょう。
ここでは、一般的な引用のルールを紹介します。

121

● 直接引用
※一言一句間違えないように注意して引用すること

① 引用部分が短い場合
・抜き出す部分を「　」で囲む

（例）桑田他（2015）は、「引用には、直接引用と間接引用の2種類があります。それぞれで引用の表現形式が異なります」と述べている。

② 引用部分が長い場合
・抜き出す部分の前後1行を空ける
・引用部分は行頭を2字分程度本文より下げて、引用部分であることを明示する

（例）桑田他（2015）は、直接引用について次のように説明している。

　　　紹介したい部分をすべてそのまま抜き書きし「　」をつけます。一言一句間違えずに記録したメモを見ながら書きます。著者の主張を著者の言葉のまま紹介したいときに使います。

● 間接引用
（例）桑田他（2015）は、引用には直接引用と間接引用があり、それぞれで引用のしかたが異なると述べている。

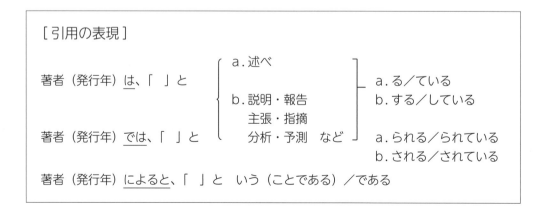

第13回　資料を引用しよう（根拠を示そう）

WS Ⅲ-14

✎ 次の文章を、直接引用、間接引用してみましょう

江戸時代は外国との交易が限られていた鎖国の時代です。国内で食料、エネルギー等が全てまかなわれ、戦争もない安定していた時代です。国民の幸福度がきわめて高かったともいわれています。

出典：井徳正吾著『江戸時代をふりかえれば明日のビジネスがみえてくる』はまの出版、2003年、p.12

① 直接引用

② 間接引用

自分のレポートに引用する部分を、要約して、引用してみましょう
（「文献番号」は、p.119を参照）

引用1

文献番号		掲載ページ	

引用2

文献番号		掲載ページ	

引用3

文献番号		掲載ページ	

第13回　資料を引用しよう（根拠を示そう）

● **参考文献を示す**

引用および参考にした本や資料などがある場合、レポートの最後に
「 ⬚ 」として示す

● **参考文献を示す目的**

・文献の ⬚ （出処）を明らかにする

・文献に興味を持った読み手が、その文献を見つけやすくする

・文献の著者に対して、参考にさせてもらったことへの謝意を示す

● **参考文献の示しかた**

参考文献の示しかたは、引用のしかた同様、専門分野によって異なることがありますので確認しましょう

ここでは、参考文献の示しかたの一例を紹介します

① 書籍の場合：著者名『書名』出版社　出版年
　（例）木下是雄『理科系の作文技術』中央公論社（1981）

②論文の場合：著者名「論文名」『掲載誌名』巻号数　掲載ページ　出版年
　（例）石本雄真「青年期の居場所感が心理的適応、学校適応に与える影響」
　　　　『発達心理学研究』第21巻第3号，278-286，2010

③新聞記事の場合：著者名「記事名」『新聞名』掲載年月日　朝刊夕刊　面
　（例）大久保真紀「『死刑は殺人』元裁判員苦悩」『朝日新聞』2016年4月22
　　　　日朝刊39面

④インターネットの資料の場合：
著者名「ページタイトル」『サイト名』URL参照日
　（例）リクルート組織行動研究所（2015）「国内人口推移が、2030年の「働く」
　　　　にどのような影響を及ぼすか」『2030年の「働く」を考える』
　　　　http://www.recruitms.co.jp/research/2030/report/trend1.html
　　　　（2016年10月2日参照）

125

第14回

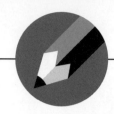

レポートを書いて推敲しよう

【序論】テーマの背景とどんな「問い」についてどんな「答え」(主張)を導くのか予告する

- ①**背景説明**
  - 取り上げるテーマの基本知識

目標規定文 {
- ②**「問い」の提示（問題提起）**
  - どういう問題に取り組むのか
- ③**レポートの「答え」(主張)**
  - 何を明らかにするのか
}

【本論】なぜその「答え」(主張) が導かれるのか「根拠」をそろえて説明する

- 根拠1
- 根拠2
  ⋮

【結論】「問い」に対する「答え」をまとめ、今後の展望でしめくくる

- 「問い」と「答え」のまとめ
- **今後の展望**（残された課題）

第14回　レポートを書いて推敲しよう

WS Ⅲ-16-①

テーマ：

①序論

背景説明（p.106参照）

目標規定文（p.115参照）

（例）テーマ：人口減少社会

背景説明

　　少子高齢社会の進行による人口減少は、日本社会の課題といわれる。平成28年度高齢社会白書によると、平成27（2015）年には、高齢者１人を生産年齢人口である15歳から64歳の2.3人が支えるのに対して、平成72（2060）年には、高齢者１人を1.3人が支えねばならなくなる。
　　一般的には、人口減少が進むと、日本の経済力、つまり、GDP（国内総生産）が低下するため、日本の将来にとって不利益となる、といわれる。リクルート組織行動研究所（2015）によると、「GDPとは、国内で１年間に生産されたモノやサービスの付加価値の合計数のことで、大雑把には、『労働力人口×　労働時間×　労働生産性』と考えることができる」とのことだ。15歳から64歳の生産年齢人口が減少するということは、労働力人口が減少することを意味し、結果的にGDPが低下する。

目標規定文

　　私は、人口減少が必ずしも日本の将来にとって不利益となるとは思わない。むしろ、日本の将来が進むべき方向性を示すものとなると考える。

第14回　レポートを書いて推敲しよう

WS Ⅲ-16-②

②本論

根拠1　　　　　　　　　　　　　　　　　　　　　　　　　　（p.124参照）

根拠2

根拠3

（例）テーマ：人口減少社会

根拠1

> 　そもそも、日本の人口はどのように推移しているのか。筧（2015）は、日本に適正人口は江戸時代の3,000万人ではないかという。明治時代以降、急激なペースで増加し、20世紀初頭に5000万人だった人口は、わずか100年で1.3倍まで急増し、2008年に１億2,808万人とピークを迎えた。さらに、井徳（2003）が『江戸時代をふりかえれば明日のビジネスがみえてくる』の中で、鎖国だった江戸時代は、食料、エネルギー等の自給率が100％であり、国民の幸福度がきわめて高かったと述べている点にも触れている。我々は、人口が本来あるべき適正な数値に戻ろうとしている現象を人口減少と認識しているのではないか。

根拠2

> 　国民の幸福度に着目すると、前野（2013）は、『幸福のメカニズム』の中で、幸せには、地位財型幸福と非地位財型幸福の２種類があり、高度経済成長期には、金銭欲、物欲、名誉欲で満たされる地位財型幸福を追求する一方、現在は、自己実現、成長、つながり、自分らしさといった非地位財型幸福を追求する傾向にあると説く。これは、GDPでは計算できない要素が豊かさを測る指標となってきたことを意味する。
> 　GDPでは計算できない要素について、藻谷（2013）は、金銭換算できる・あるいはできない価値という言葉を用いて説明している。さらに、人口減少社会は、障害者も高齢者も、できる限りの労働で社会参加することができ、一人一人の価値が相対的に高くなる社会であると述べている。

第14回　レポートを書いて推敲しよう

WS Ⅲ-16-③

③結論

「問い」と「答え」のまとめ

今後の展望（残された課題）

（例）テーマ：人口減少社会

「問い」と「答え」のまとめ

> 労働力人口の減少による経済力の低下は、高齢者、女性が働きやすいように、兼業やワークシェアリングのような柔軟な働き方を整備することで緩和できる。また、金銭換算できるものだけでなく、自己実現やつながりといったような今まで金銭換算できなかったものにも価値を見いだすという価値観に立つことで、日本の将来が進むべき方向性を見いだすことできる。

今後の展望（残された課題）

> 日本の人口が適正人口に落ち着き、国民が豊かさや幸福感を感じる将来が到来することを期待する。

第14回　レポートを書いて推敲しよう

WS Ⅲ-16-④

④参考文献

（参考文献）（p.119参照）

（例）テーマ：人口減少社会

（参考文献）

1）藻谷浩介（2013）『里山資本主義』角川書店

2）筧裕介（2015）『人口減少×デザイン』英治出版

3）井徳正吾（2003）『江戸時代をふりかえれば明日のビジネスがみえてくる』はまの出版

4）前野隆司（2013）『幸福のメカニズム』講談社

5）内閣府（2016）『平成28年版高齢社会白書』
http://www8.cao.go.jp/kourei/whitepaper/w-2016/gaiyou/28pdf_indexg.html（2016年10月1日参照）

6）リクルート組織行動研究所（2015）「国内人口推移が、2030年の「働く」にどのような影響を及ぼすか」『2030年の「働く」を考える』
http://www.recruitms.co.jp/research/2030/report/trend1.html
（2016年10月2日参照）

第14回　レポートを書いて推敲しよう

推敲しましょう（ピア・レスポンスしましょう）

❶内容

- [ ] 序論・本論・結論の３部に分けて書けているか
- [ ] 段落分けができているか
   （段落の初めは１マス空けてあるか）
- [ ] 序論に、「背景」と「目標規定文」が書けているか
- [ ] 本論には、「主張」の「根拠」がしっかりと書けているか
- [ ] 事実と意見の区別はきちんと言葉で示せているか
- [ ] 他人の先行研究の中の「事実」や「意見」を引用した場合は、きちんと引用であることを明示し、引用のしかたは正しいか
- [ ] 結論には、「主張」と「今後の展望（残された課題）」が書けているか
- [ ] 序論での「問い」（問題提起）と結論での「答え」（主張）が対応しているか
- [ ] 参考文献のところには、引用および参考にした文献資料が漏れなく、正しく書けているか

❷表現

- [ ] １人称は「私」となっているか　「自分」を使っていないか
- [ ] 文体が「常体（〜である）」になっている　「敬体（〜です・ます）」が混じっていないか
- [ ] 話し言葉でなく、書きことばで書かれているか
- [ ] 「〜すること」「〜ができる」の「こと」「できる」など、ひらがなで書くべき言葉がひらがなになっているか
- [ ] 句読点は正しいところに打たれているか
- [ ] 一文が長すぎていないか　主述関係がおかしくなっていないか
- [ ] 文はきちんと述語で終わっているか（体言止めや倒置法は使っていないか）
- [ ] 誤字脱字はないか
- [ ] 記号の使いかたは正しいか（！や？は使っていないか）
- [ ] 「〜と思う」「〜のである」が多用されていないか

❸形式（※担当教員や大学の指定があればそれに従うこと）

- [ ] 用紙の大きさ、文字数、レイアウトなど、指示されたことが守られているか
- [ ] 先生から指示された、レポート内容以外に書くべきこと（レポートのタイトル・科目名・担当教員名・所属学部・学科・学年・学籍番号、氏名、提出年月日など）が漏れなくきちんと書けているか

（例）テーマ：人口減少社会

　少子高齢社会の進行による人口減少は、日本社会の課題といわれる。平成28年度高齢社会白書によると、平成27（2015）年には、高齢者１人を生産年齢人口である15歳から64歳の2.3人が支えるのに対して、平成72（2060）年には、高齢者１人を1.3人が支えねばならなくなる。

　一般的には、人口減少が進むと、日本の経済力、つまり、GDP（国内総生産）が低下するため、日本の将来にとって不利益となる、といわれる。リクルート組織行動研究所（2015）によると、「GDPとは、国内で１年間に精算されたモノやサービスの付加価値の合計数のことで、大雑把には、「労働力人口× 労働時間× 労働生産性」と考えることが出来る」とのことだ。15歳から64歳の生産年齢人口が減少するという事は、労働力人口が減少することを意味し、結果的にGDPが低下する。

　私僕は、人口減少が必ずしも日本の将来にとって不利益となるとは思いません。むしろ、日本の将来が進むべき方向性を示すものとなると考える。

　そもそも、日本の人口はどのように推移しているのか。筧（2015）は、日本大適正人口は江戸時代の3,000万人じゃないかという。明治時代以降、急激なペースで増加し、20世紀初頭に5000万人だった人口は、わずか100年で1.3倍まで急増し、2008年に１億2,808万人とピークを迎えた。さらに、井徳（2003）が『江戸時代をふりかえれば明日のビジネスがみえてくる』の中で、鎖国だった江戸時代は、食料、エネルギー等の自給率が100％であり、国民の幸福度がきわめて高かったと述べている点にも触れている。我々は、人口が本来あるべき適正な数値に戻ろうとしている現象を人口減少と認識しているのではないか。

　国民の幸福度に着目すると、前野（2013）は、『幸福のメカニズム』の中で、幸せには、地位財型幸福と非地位財型幸福の２種類があり、高度経済成長期には、金銭欲、物欲、名誉欲で満たされる地位財型幸福を追求する一方、現在は、自己実現、成長、つながり、自分らしさといった非地位財型幸福を追求する傾向にあると説く。これは、GDPでは計算できない要素が豊かさを測る指標となってきたことを意味すると思う。

　GDPでは計算できない要素について、藻谷（2013）は、金銭換算できる・あるいはできない価値という言葉を用いて説明されている。さらに、人口減少社会は、障害者も高齢者も、できる限りの労働で社会参加することが

でき、一人一人の価値が相対的に高くなる社会であると述べている。労働力人口の減少による経済力の低下は、高齢者、女性が働きやすいように、兼業やワークシェアリングのような柔軟な働き方を整備することで緩和できると思う。また、金銭換算できるものだけでなく、自己実現やつながりといったような今まで金銭換算できなかったものにも価値を見いだすという価値観に立つことで、日本の将来が進むべき方向性を見いだすことできると思う。日本の人口が適正人口に落ち着き国民が豊かさや幸福感を感じる将来が到来したらいいなと思う。

することを期待する

段落改行

（参考文献）

1）藻谷浩介（2013）『里山資本主義』角川書店

2）筧裕介（2015）『人口減少× デザイン』英治出版

3）井徳正吾（2003）『江戸時代をふりかえれば明日のビジネスがみえてくる』はまの出版

4）前野隆司（2013）『幸福のメカニズム』講談社

5）内閣府（2016）『平成28年版高齢社会白書』http://www8.cao.go.jp/kourei/whitepaper/w-2016/gaiyou/28pdf_indexg.html （2016年10月1日参照）

6）リクルート組織行動研究所（2015）「国内人口推移が、2030年の「働く」にどのような影響を及ぼすか」『2030年の「働く」を考える』http://www.recruitms.co.jp/research/2030/report/trend1.html （2016年10月2日参照）

第15回

清書して提出しよう

（表紙を付ける場合の記入例）

>
> 人口減少社会について
> ―人口減少社会は不幸なのか―
>
>
> 社会学入門レポート
> 山田　桜子先生
> 2017年5月18日提出
>
>
> 経済学部経済学科1年
> 12345678
> 田中　五郎
>

・形式（用紙の大きさ、文字数、レイアウトなど）や体裁（表紙を付けるかどうかなど）が先生の指示に指示どおりになっているか確認してから出しましょう
・提出する前に、提出物と同じものを、手書きの場合はコピーし、ワープロの場合はもう一部プリントアウトし、自分も保存しておきましょう

第15回　清書して提出しよう

コラム

原稿用紙の使いかた

・本文の書き出しは、１マス空けて書き始める（要約などの字数制限のある場合
　は、空ける必要はない）。改行した場合、段落の最初の１マス目は空けて書き
　始める
・拗音（ゃ, ゅ, ょ）、促音（っ）もそれぞれ１字として、１つのマス目に書く。
・句読点（、, 。）、かぎかっこ（「」, 『』）は、それぞれ１字として数える。
・行頭に句読点や閉じカギかっこ（」, 』）がくる場合は、前の行の最後のマス
　目に入れるか、欄外に書く
・カギかっこの中の句点（。）は、書かなくてもよい。書く場合は、句点と閉じ
　かぎかっこは同じマス目に書く
・算用数字（1, 2, 3, …）とアルファベット小文字は、１マスに２字ずつ左詰め
　に書く。

例）

	日	本	で	は	「	結	婚	後	の	資	金」
あ	る	い	は	「	結	婚	資	金	」	が	足
り	な	い	と	い	う	理	由	に	よ	っ	て、
男	性	の	「	生	涯	未	婚	率	」	が	19
90	年	頃	か	ら	急	激	に	増	加	し	、
20	.0	％	を	超	え	る	水	準	に	あ	る。

参考文献

Part Ⅱ
- 高田高史（2011）『図書館で調べる』筑摩書房
- 日本経済新聞社東京本社販売局マーケット開発部（2010）『わかる！日経』日本経済新聞出版社
- 山田ズーニー（2001）『伝わる・揺さぶる！文章を書く』PHP新書

Part Ⅲ（Part Ⅰ）
- 石井一成（2011）『ゼロからわかる大学生のためのレポート・論文の書き方』ナツメ社
- 宇野聖子・勝浦五月（2016）『大学生のための表現力トレーニング あしか：アイデアをもって社会について考える（レポート・論文編）』株式会社ココ出版
- 大島弥生・池田玲子・大場理恵子・加納なおみ・高橋淑郎・岩田夏穂『ピアで学ぶ大学生の日本語表現 第2版──プロセス重視のレポート作成──』
- 学習技術研究会（2015）『知へのステップ 第4版──大学生からのスタディ・スキルズ』くろしお出版
- 学習院大学図書館（2015）「最強のガイドブック──13分でわかるレポート材料の集め方──」www.gakushuin.ac.jp/univ/glim/pdf/search/.../2015-strongest-guidebook-all.pdf（2016年12月23日参照）
- 桑田てるみ・江竜珠緒・押木和子・勝亦あき子・松田ユリ子（2015）『学生のレポート・論文作成トレーニング 改訂版』，実教出版株式会社
- 世界思想社編集部（2008）『大学生 学びのハンドブック』世界思想社
- 西川真理子（2011）『図解 栄養士・管理栄養士をめざす人の文章術ハンドブック：ノート、レポート、手紙・メールから、履歴書・エントリーシート、卒論まで』化学同人
- 西田みどり（2014）『接続語を使えば、誰でも書ける──〈型〉で書く文章論シリーズ──』知玄社
- 福澤一吉（2012）『論理的に読む技術：文章の中身を理解する"読解力"強化の必須スキル』ソフトバンク クリエイティブ株式会社
- 福嶋隆史（2009）『本当の国語力』が驚くほど伸びる本──偏差値20アップは当たり前！』大和出版
- 法政大学図書館（2016）「レポート・論文資料の探し方」『レポート・論文を書くには』http://www.hosei.ac.jp/documents/library/shien/report/160407report-ronbun.pdf（2016年12月23日参照）

《執筆者紹介》

西川真理子（にしかわ　まりこ）［Part I，III］
　　元・流通科学大学経済学部 特任教授
　　現・香里ヶ丘看護専門学校 非常勤講師

橋本信子（はしもと　のぶこ）［Part I，II］
　　元・流通科学大学商学部 特任准教授
　　現・大阪経済大学経営学部 准教授

山下　香（やました　かおり）［Part III］
　　元・流通科学大学人間社会学部 特任准教授
　　現・甲南女子大学文学部メディア表現学科 准教授

石黒　太（いしくろ　ふとし）［Part II コラム，Part III］
　　元・流通科学大学経済学部 特任准教授
　　現・就実大学教育開発センター 准教授

藤田里実（ふじた　さとみ）［Part III］
　　元・流通科学大学商学部 特任講師
　　現・大阪経済大学経営学部 講師

《執筆協力》

桑原桃音（くわばら　ももね）［Part II 書評例 1 提供］
　　流通科学大学人間社会学部 准教授

元・流通科学大学の学生たち（五十音順）
　　大塚未来，柏木琴美，近藤由佳，阪口大智，坂口優美

アカデミック・ライティングの基礎
——資料を活用して論理的な文章を書く——

2017年4月20日　初版第1刷発行	＊定価はカバーに
2025年4月15日　初版第7刷発行	表示してあります

著　者　　西川真理子
　　　　　橋本信子
　　　　　山下　香©
　　　　　石黒　太
　　　　　藤田里実
発行者　　萩原淳平

発行所　株式会社　晃洋書房
〒615-0026　京都市右京区西院北矢掛町7番地
　　　　　電話　075 (312) 0788番代
　　　　　振替口座　01040-6-32280

ISBN 978-4-7710-2886-9　　印刷・製本　㈱NPCコーポレーション

JCOPY〈㈳出版者著作権管理機構 委託出版物〉
本書の無断複写は著作権法上での例外を除き禁じられています．
複写される場合は，そのつど事前に，㈳出版者著作権管理機構
（電話 03-5244-5088, FAX 03-5244-5089, e-mail: info@jcopy.or.jp）
の許諾を得てください．